Fourth Edition

OCHO MUNDOS

Themes for
Vocabulary Building
and Cultural
Awareness

Fourth Edition

OCHO MUNDOS

Themes for
Vocabulary Building
and Cultural
Awareness

by
Brenda Wegmann

Holt, Rinehart and Winston, Inc.

Fort Worth	Chicago	San Francisco
Philadelphia	Montreal	Toronto
London	Sydney	Tokyo

Publisher   Ted Buchholz
Senior Acquisitions Editor   Jim Harmon
Developmental Editor   Kathleen DiNuzzo Ossip
Production Manager   Annette Dudley Wiggins
Cover Design Supervisor   Serena L. Barnett
Cover Designer   Karen Erickson
Design, Editorial, and Production Services   Spectrum Publisher Services
Project Manager   Maureen Meehan
                            Julia Price

Acknowledgments for the reading selections, photographs, and cartoons used in this book appear on pages 229–330.

Illustrations © 1990 by Ruth Gembicki Bragg.

Library of Congress Cataloging-in-Publication Data

ISBN 0-03-021824-1

Address editorial correspondence to: 301 Commerce Street, Suite 3700
                                                      Fort Worth, Texas 76102

Address orders to: 6277 Sea Harbor Drive
                              Orlando, Florida 32887
                              1-800-782-4479 or 1-800-433-0001 (in Florida)

Printed in the United States of America

0   1   2   3   016   9   8   7   6   5   4   3   2   1

Holt, Rinehart and Winston, Inc.
The Dryden Press
Saunders College Publishing

«Cada cabeza es un mundo.»
(Spanish proverb)

ÍNDICE DE MATERIAS

PREFACE

With the current emphasis on skill proficiency, communicative techniques, and passive skills, the basic component of vocabulary building is often slighted in first-year Spanish courses. Yet research shows that successful vocabulary acquisition is the single most important factor in learning a foreign language. Because of this, and following the suggestions of instructors who have used past editions, I have changed the primary emphasis in this edition of *OCHO MUNDOS* from reading skills to vocabulary acquisition and vocabulary skills, which I consider more appropriate for this level.

OCHO MUNDOS provides a systematic approach to vocabulary building organized around eight thematic units and reinforced through short readings from Hispanic culture. Many of the readings and exercises focus on cultural contrasts, with about forty percent relating to Spain and sixty percent to Latin America. Specific differences between English and Hispanic customs are highlighted in boxes labeled *Costumbres y culturas.* There is a secondary emphasis on the development of reading skills that is achieved through prereading sections called *Anticipación* and a variety of postreading exercises.

This text is designed for beginning or early intermediate Spanish courses. It can be used as a vocabulary-building supplement in a year-long course by substituting it for the optional sections of a grammar text. The first three chapters will then correspond to the grammatical structures generally presented in the first semester and the last five chapters to those presented in the second semester. It is suitable for courses that have reading tracks, since the selections are presented in step-by-step sequences correlated to the introduction of each verb tense. Students can thus learn to master reading techniques without being distracted by verb tenses that have not yet been introduced.

OCHO MUNDOS can also serve as the sole textbook in a course, providing vocabulary, reading, culture, and conversation for instructors or departments that have developed their own grammar materials. This applies particularly to conversationally oriented classes for second- or third-semester students or for those who have had some Spanish. Grammar is then presented on an as-needed basis.

What Is Meant by "Vocabulary Skills"?

It is not just memorizing the meanings of words that is important for English speakers who are learning the vocabulary of an inflected language like Spanish. A number of vocabulary skills are also necessary. In *OCHO MUNDOS, Fourth Edition,* the concentration is on teaching the following basic skills:
1. the recognition of cognates and near cognates;
2. the memorizing of related words through patterns and context groupings;
3. the building of words, one from another, with suffixes, prefixes, and roots;
4. the methods for making transformations, when needed, of nouns, adjectives, verbs, and pronouns;
5. the use of transformation cues (e.g., **ie, i,** or **se** after a verb form; **o/a** after a noun, etc.);
6. the ways to use idioms and to avoid literal translation when it is not appropriate.

New Features with an Emphasis on Vocabulary

Three new features have been added to *OCHO MUNDOS* to facilitate the acquisition of vocabulary and vocabulary skills:

At the beginning of each chapter, *Presentación de vocabulario* presents the most important words and expressions employed throughout the chapter in context groupings. It also includes general instruction and practice of the basic vocabulary skills mentioned earlier and tips on recognizing cognates and near cognates and memorizing words through patterns and relationships. A combination of structured and open-ended exercises allow students immediately to implement the vocabulary presented.

Palabras y expresiones claves precedes the second and the third selections of each chapter and presents words and expressions related to the theme that are important for the understanding of the specific selection.

Lista de vocabulario at the end of each chapter is simply an alphabetized list without translations of the words from the *Presentación de Vocabulario*, plus some words from the *Palabras y expresiones claves*, to be used as a study aid. It also includes a list of the idioms that have been highlighted in the chapter.

Another New Feature: Pair and Group Activities

Every chapter now includes two or more pair and/or group activities. These activities gradually increase in sophistication, beginning with lists of questions that two students ask each other, then moving first to situational dilemmas with alternatives to be selected by a group and eventually to open-ended descriptions in which some questions are invented by the students. These activities enhance the conversational aspect of classes by allowing many students to perform at the same time. When you realize that some students in a typical language class normally participate only two or three times a week, you see their obvious advantage.

My personal experience is that pair and group activities take a bit of effort at the beginning but are well worth it. The key to success is that the teacher take an active role in presenting them. At the beginning, he or she should explain to the students exactly what they are to do, even performing a demonstration with a volunteer if needed. A time limit is established, and during that time it is important that the instructor walk around the class answering questions and showing interest in the conversations.

Some concern has been expressed about students possibly imitating mistakes made by their classmates. This problem can be circumvented if the instructor reconvenes the class at the end of the time period (usually three to eight minutes) and reinforces the lesson. One way of doing this is for the instructor to ask the questions at random and repeat wrong answers with the necessary correction. For variety, one student from each group or pair may be called upon to report. In general, active participation tends to build confidence and makes for livelier classes. The section called *Opiniones* can also be adapted to pair or group work.

Correlation of Chapters with Verb Tenses

Most instructors will agree that, excluding vocabulary, about ninety percent of teaching Spanish relates to verb tenses. Therefore, as in the past, *OCHO MUNDOS* continues to be organized around the step-by-step reinforcement of verb tenses. With very few exceptions, Chapters 1 and 2 use only the present tense; Chapter 3, present and preterite tenses; chapter 4, present, preterite, and imperfect tenses; and so on. Each chapter, then, both highlights the new tense and serves as a review of the tense or tenses from the previous chapters.

A glance at the Table of Contents will show which tenses are presented in each chapter or selection. Half of the book focuses on the present, preterite, and imperfect, since these are the most common in basic conversation and so rightfully deserve the lion's share of practice. Chapter 5 then introduces the future and conditional, and chapter 6, the perfect tenses. The last two chapters are devoted to the subjunctive, since these verb forms are a difficult but essential part of a reading mastery of Spanish, and it is often hard to find simple, interesting readings illustrating their uses. Chapters 7 and 8 introduce the subjunctive in different ways, so the instructor can choose either one or use both. These two chapters also serve as a review of all the tenses. The book can easily be adapted to courses that introduce only the present subjunctive by using the first two readings of Chapter 7 and the first reading of Chapter 8.

On the advice of several instructors, this edition contains a Verb Appendix to serve as a ready reference for those times when a grammar text is not at hand.

Format and Flexibility

Modern research shows that two of the most effective aids in the learning of vocabulary are context and repetition. These two elements form the rationale for the division of this book into eight chapters, eight "worlds," providing themes for the reinforcement and active use of many key words.

The format has been designed for flexibility. Each chapter contains three selections so that the instructor may decide to use one, two, or all three, depending on class ability, interest, time constraints, or personal preference. The first selection, usually written by the author, is the easiest and contains the majority of key words and expressions from the *Presentación de vocabulario*. It thus forms a link to the second and third selections, which in most cases are taken from Hispanic magazines or newspapers and so are more difficult.

The Reading Selections

I have tried to maintain a balance between variety and thematic cohesiveness when choosing selections for each chapter in past editions. Reviewers have asked for more thematic unity. Therefore, in adding new materials (approximately forty percent of the selections have been replaced), in most cases I have leaned this time toward thematic cohesiveness. The readings are quite short, as befits the beginning level. Most are also authentic Spanish, since the majority have been taken from Spanish and Latin American magazines. Those written by the author have been thoroughly checked by native readers. Most of the articles have been shortened but not altered in any other way, while a few have been very slightly adapted. Many of the selections from the previous edition have been updated, and several have also been shortened.

The Use of English

On the advice of teachers who have used this book, I eliminated the exercises that mix English and Spanish. I also introduced the use of Spanish for exercise instructions earlier and, from the beginning, gave every exercise a Spanish heading so that instructor and class may refer to it in Spanish. English is used in the introductions to the selections in the first half of the book and

Spanish in the second half. This gradual weaning from English should add to the students' sense of progress.

Throughout the entire book, the text of the explanatory material that presents grammar or vocabulary points is in English. While much of learning a language is simply listening, seeing, and imitating, some of it is understanding. For example, it can be helpful to learn that the Spanish ending **-dad** usually corresponds to the English ending **-ty,** yet the beginning student who reads this explanation in Spanish might miss the essential point.

Finally, though many of the marginal glosses are in Spanish, I have frequently chosen to use English rather than omit useful words that cannot be explained in simple Spanish. Spanish words used in the articles and exercises are included in the Spanish-English Vocabulary at the end of the book.

Acknowledgments

Special thanks go to Llanca Letelier Montenegro, Naldo and Susana Lombardi, and Ana María Fantino for their helpful suggestions, and to Gina Sidhu of the Language Laboratory of the University of Alberta and María Paz Letelier for assistance in obtaining materials for this edition. I would also like to express my appreciation for the corrections and very helpful suggestions of a number of instructors: Silvia R. Anadon, University of Notre Dame; Milton Azevedo, University of California—Berkeley; Robert R. Bacalski, University of San Diego; Mary Lee Cozad, Northern Illinois University; Hilda B. Dunn, University of Kentucky; Richard R. Ford, University of Texas—El Paso; Mary S. Gossy, Rutgers, The State University of New Jersey; John W. Griggs, Glendale Community College; Leah Kaviani, College of the Sequoias; Joan F. Marx, Muhlenberg College; Irma Perlman, The University of Wisconsin—Milwaukee; Sixto E. Torres, Clemson University; Marilynn I. Ward, Findlay College.

In addition, I want to thank Kathy Ossip for her thoughtful editing of the manuscript; Sharon Alexander of Holt, Rinehart and Winston for her excellent job of fine-tuning it; Jim Harmon, also of Holt, Rinehart and Winston, for his direction; Maureen Meehan of Spectrum Publishing Services for her competent and creative handling of the book during production; and the artist, Ruth Gembicki Bragg, for the continued inspiration of her art. A warm thank you also goes to Tom and Jessica for their encouragement and to Jake for his technical assistance in a time of need.

Brenda Dominski Wegmann

To the Student

How to Learn Spanish Words

Vocabulary is the single most important factor in learning a foreign language. No matter how clearly you understand the grammar, if you don't know the words of a language, you will not be able to speak, understand, read, or write. So if you want to benefit from your Spanish course, make a systematic plan from the very beginning for learning the word list that appears at the end of each chapter. Fortunately, this is not as hard as it sounds because Spanish and English share many *cognates* (words similar in both form and meaning in the two languages).

Each chapter begins with the *Presentación de vocabulario* that presents words and expressions in context groupings related to the chapter theme. Explanations and exercises follow to help you develop vocabulary skills that should make remembering the words an easier task. However, there is no substitute for memorization. You have to work at getting these words from your short-term to your long-term memory. Saying the words aloud while visualizing what they mean is a help, but your biggest ally is repetition.

Each chapter ends with the *Lista de vocabulario;* in alphabetical order, it includes all the words and expressions from the *Presentación,* plus a few more taken from the readings. You can use it to check your mastery of the important vocabulary of the chapter. Any time you are on the bus or train, waiting in line, or having coffee between classes, you can study this list. And any word you don't remember you can look up in the Spanish-English Vocabulary, a kind of short dictionary at the very end of the book that includes every Spanish word in *OCHO MUNDOS*.

One of the benefits of learning a foreign language is that it helps you improve your ability to memorize. Recent experiments in psychology have shown that even average people can, through practice, develop great memory prowess. This can be an asset in many areas of your life. But the most substantial benefit is that, if you work systematically at learning and practicing the words in each chapter, and the grammar that your teacher presents, by the end of the course you will have a functional Spanish vocabulary of about five hundred words.

Some Tips on Expressing Yourself in Spanish

1. When participating in class discussion or writing exercises, use short, simple sentences. Don't try to translate sophisticated grammar from your native language. For example, perhaps your teacher asks, **«Por qué no fue usted al restaurante?»** (*Why didn't you go to the restaurant?*) You want to answer that you couldn't because you left your money in the pocket of your coat that was taken to the cleaner's. Don't. Simplify. Say, **No fui porque no tenía el dinero.** (*I didn't go because I didn't have the money.*) Remember that you wouldn't start a beginning art course by trying to paint the *Mona Lisa*.
2. Don't be afraid of making mistakes in class. The biggest mistake is not to speak.
3. When speaking in Spanish, don't get blocked by one unknown word or expression. Search for another way of saying it. If you can't think of the word for *crowd,* say *many people* **(mucha gente, muchas personas).** If you can't remember how to say *He's wrong,* say *He's not right* **(No tiene razón)** or *I don't agree with him* **(No estoy de acuerdo con él).**

4. After finishing a written assignment in Spanish, be sure to proofread it for small errors. Written assignments are the occasions when you should try for precision.

Common Expressions Used in the Exercises

1. Según el autor (el artículo)...   *According to the author (article) . . .*
2. ¿Está usted de acuerdo?   *Do you agree? (Are you in agreement?)*
Sí, estoy de acuerdo.   *Yes, I agree.*
No, no estoy de acuerdo.   *No, I don't agree.*
3. ¿Qué le parece...?   *What do you think about . . . ? (literally,*
What does . . . seem like to you?)

A mí me parece que...   *It seems to me that . . .*
Yo creo que...   *I think (believe) that . . .*
4. ¿Tiene razón?   *Is he (she) right?*
5. En su opinión...   *In your opinion . . .*

Marginal Glosses

Difficult words in the reading selections are followed by a small circle indicating that the word is explained in the margin in a brief Spanish or English gloss. If a whole phrase is glossed, the small circle follows the last word of the phrase, and the marginal note begins with the first word of the phrase followed by three dots. For example, the phrase **hacer todas las compras** is glossed like this:

Por computadora y por televisión se podrán también hacer
todas las compras,° los pagos,...   **hacer...** *do all the shopping*

Most of these words or phrases are also included in the *Vocabulario* at the back of the book except for those that occur only once and are explained in English.

Fourth Edition

OCHO MUNDOS

Themes for Vocabulary Building and Cultural Awareness

CAPÍTULO UNO

El mundo de la familia

The Present Tense

Presentación de vocabulario

LA FAMILIA

Study these important words related to the chapter theme.

La familia: Personas

♂   ♀   ♂ + ♀

el hombre	man	**la mujer**	woman	**la pareja**	couple
el esposo	husband	**la esposa**	wife	**los esposos**	spouses
el padre	father	**la madre**	mother	**los padres**	parents
el abuelo	grandfather	**la abuela**	grandmother	**los abuelos**	grandparents
el hijo	son, child	**la hija**	daughter, child	**los hijos**	children
el niño	boy, child	**la niña**	girl, child	**los niños**	children
el hermano	brother	**la hermana**	sister	**los hermanos**	siblings
el tío	uncle	**la tía**	aunt	**los tíos**	uncle and aunt, uncles
el primo	(*male*) cousin	**la prima**	(*female*) cousin		
				los primos	cousins

COGNADOS Y «CASI COGNADOS»

A friendly aspect of Spanish for English speakers is that Spanish and English share a very large number of words identical or similar in form and meaning. They are called *cognates.* Examples: **familia** = *family,* **actitud** = *attitude.*

There are also words that can be thought of as "near cognates" because they are similar to words connected to their English meaning. The word **pareja** is not a cognate of *couple.* But if you think of the English word *pair,* it will help you to remember that **pareja** means *couple.* **Esposo** and **esposa** are not cognates of *husband* and *wife.* But if you think of *spouse* (a word not as frequently used in English but which has the same meaning), it will help you to remember what they mean.

La familia: Acciones

These verbs express some of the things families do. The meanings of the cognates and near cognates are not given. Can you tell what they mean?

aprender	to learn	**hacer**	to make; to do	**trabajar**	to work
ayudar	to help	**llevar**	to take, bring; to carry	**tratar**	to treat; to deal with
conocer (zc)	to know				
conversar		**necesitar**		**tratar de**	to try to
creer	to believe	**pensar (ie)**	to think	**visitar**	
cuidar	to take care of	**quedar**	to remain, stay	**vivir**	to live
desear					

La familia: Cualidades

anciano/a elderly   **casado/a** married   **viejo/a** old
cariñoso/a affectionate   **soltero/a** single

PALABRAS RELACIONADAS

There are also words that are not cognates but are related to other Spanish words you already know. The word **casado** is not a cognate. But if you know that **casa** means *house* or *home,* you can think of a man taking on the responsibility of a home as being **un hombre casado,** *a married man.* How would you say, then, *a married woman*? _____ The word **soltero/a** means *single.* If you think of the word **solo/a,** which means *alone,* it can help you to remember the meaning. So we can call words like these "related words." Learn to guess meanings by relating new words to words you know.

Otras palabras importantes

Study the following key words. Can you guess the meanings of the cognates? Can you find three words related to words from the sections above and guess their meanings?

el apartamento		**hecho** made; done
el apellido last name		**el hecho** fact
la ayuda		**el sistema**
el cariño		**el trabajo**
el conflicto		

Práctica de vocabulario

Parentescos: FAMILY RELATIONSHIPS

¿Quién es... ?

    MODELO   La madre de mi padre **es mi abuela.**

1. El hermano de mi madre _____.
2. La hija de mis tíos _____.
3. El padre de mi padre _____.
4. La hija de mis abuelos paternos _____.
5. El único tío de mis primos _____.
6. La prima de mis hermanas _____.
7. El esposo de mi tía _____.

Completar la historia

Read through the paragraph and find the appropriate words from the vocabulary lists to fill in the blanks. Remember that in Spanish you must make the endings of adjectives or verbs agree with the noun or subject.

La familia García

La familia García consiste en los _____, Juan y María, sus tres hijos (dos niños y una _____), Héctor, el padre de María, y Estela, la madre de Juan. Todos _____ con el trabajo de la casa excepto Juan y Estela. Juan no tiene tiempo porque _____ como policía y Estela no puede porque es muy _____. Héctor es un buen abuelo. _____ a los niños mucho y es muy _____ con ellos. Robert, un viejo amigo norteamericano, _____ a los García de vez en cuando. Él _____ que es una familia maravillosa. Siete personas y un perro° _____ juntos en un pequeño _____ y no tienen grandes _____. ¿Cómo es posible?

COGNADOS ENGAÑOSOS

While 95% of cognates are a help in learning Spanish, there is a small group that is deceptive. They are similar in form to English words but have a different meaning. The most notorious of these is **embarazada**. This word looks as though it should mean *embarrassed*, but its real meaning is *pregnant*. In this chapter two deceptive cognates are used frequently: **familiar** and **parientes**. They look as though they should mean *familiar* and *parents*. **Familiar** can have the meaning of *familiar,* but more commonly it means *of or pertaining to the family,* as in **la vida familiar** (*family life*) or **los problemas familiares** (*family problems*). **Parientes** means *relatives*. Do you remember what Spanish word means *parents*? (It is in the vocabulary list at the beginning of this chapter.)

Nombres en las noticias

¿Sabe usted... ?

1. ¿Cómo se llama la reina° de Inglaterra? ¿Sabe usted los nombres de algunos de sus parientes?
2. ¿Cuál es el nombre del rey de España? ¿y de su esposa?
3. ¿Cuántos hijos tiene el presidente de Estados Unidos... y cómo se llaman? ¿Sabe usted el apellido de soltera de la primera dama? ¿Dónde está la casa familiar de ellos? ¿De qué color es?
4. ¿Quién es la actriz de televisión más popular de ahora? ¿Está casada o no? ¿Qué sabe usted de su familia?
5. ¿Cuál es el apellido del primer ministro de Canadá? ¿Cómo se llama su esposa?
6. ¿Cómo se llama el presidente de México? ¿Está casado o soltero?

Actividad en pareja Datos personales

Work with a partner. One of you takes column A and the other column B. Ask each other the questions to obtain personal data. When the time is up, your instructor may call on you to report what you have learned about your partner.

A.

1. ¿Vives en una casa o en un apartamento?
2. ¿Cuántos hermanos tienes?
3. ¿Estás en contacto con algunos primos? ¿Dónde viven?
4. En tu opinión, ¿quién trabaja más en nuestra sociedad — el hombre o la mujer?

B.

1. ¿Vives con tus padres? ¿con tus hermanos?
2. ¿Viven todavía (*still*) tus abuelos? ¿Dónde?
3. ¿Tienes muchos parientes por parte de tu madre? ¿y por parte de tu padre?
4. En tu opinión, ¿quién tiene la obligación de cuidar a los hijos — el padre o la madre?

¿Familia nuclear o familia extensa?

Familia nuclear

Algunos creen que la familia ideal es la familia nuclear. Este tipo de familia es muy común en Estados Unidos. El esposo, la esposa y sus hijos viven solos en una casa o en un apartamento.

Familia extensa

Algunos creen que la familia ideal es la familia extensa. Este tipo de familia es muy común en Hispanoamérica. El esposo, la esposa y sus hijos viven con otros parientes (generalmente los abuelos) en una casa o en un apartamento.

Tres argumentos básicos a favor de la familia nuclear

1.

Un hombre y una mujer tienen derecho a llevar una vida independiente como pareja. En la familia nuclear tienen mucha oportunidad para conversar a solas cuando los niños están dormidos.

2.

La madre y el padre pueden cuidar a los niños sin la interferencia constante de otras personas que tienen actitudes diferentes. Los niños dan problemas y, por eso, necesitan aprender un solo método de disciplina.

3.

La familia nuclear es el sistema más lógico. Las personas de diferentes generaciones no tienen los mismos intereses. Por eso hay menos conflictos cuando los abuelos viven en su propia casa o en una residencia para ancianos (personas viejas) y los hijos los visitan de vez en cuando.

NOTA DE VOCABULARIO: MODISMOS

Idioms (**Modismos**) are groups of words used to convey a special meaning. Some Spanish idioms, like the ones used in this selection, are roughly equivalent to their English counterparts, with only small differences. *To have the right to* in Spanish is **tener derecho a.** (Notice the omission of the article in Spanish.) *To depend on* in Spanish is **depender de** (not **en**). *To try to* (+ an infinitive) equals **tratar de** (+ an infinitive). *They try to live in harmony.* **Tratan de vivir en armonía.**

Tres argumentos básicos a favor de la familia extensa

1.

Los esposos pueden salir mucho porque saben que los niños quedan en buenas manos. También, en la familia extensa los abuelos ayudan con el trabajo de la casa. Entonces, la esposa puede trabajar o participar en las actividades de la comunidad.

2.
Los niños no dependen totalmente de los padres. A veces pueden llevar sus problemas a otras personas. Los abuelos tienen la experiencia de una larga vida y los niños aprenden mucho de ellos.

3.
La familia extensa es el sistema más lógico. Los viejos necesitan a los jóvenes y los jóvenes también necesitan a los viejos. Todos tratan de mantener la armonía y están más contentos porque viven con su familia en un clima de cariño. Es importante mantener el contacto entre las generaciones.

Comprensión de la lectura

Fill in the appropriate word, **más** (*more*) or **menos** (*less, fewer*).

1. El sistema de la familia nuclear es _____ común en Hispanoamérica que en Estados Unidos.
2. En una familia extensa hay _____ adultos que en una familia nuclear.
3. En una familia nuclear hay _____ oportunidad para conversar a solas.
4. Generalmente, en una familia nuclear la madre recibe _____ ayuda con el trabajo doméstico que en una familia extensa.
5. Los padres son _____ viejos que los abuelos.

Preguntas

1. ¿Qué es una familia nuclear?
2. ¿Qué es una familia extensa?
3. ¿Qué ventajas (puntos buenos) tiene la familia nuclear?
4. ¿Qué ventajas tiene la familia extensa?
5. ¿Cómo es la familia de usted?
6. En su opinión, ¿cuál de los dos tipos de familia es mejor? ¿Por que?
7. ¿Trata usted de ayudar a su familia? Explique.

Opiniones

Choose one of the words in parentheses and complete each of the following sentences in Spanish.

1. Los niños están más contentos cuando viven en una familia (nuclear / extensa) porque _____.
2. Los esposos están más contentos cuando viven en una familia (nuclear / extensa) porque _____.
3. Los abuelos están más contentos cuando viven (en su propia casa / en una residencia para ancianos / en una familia extensa) porque _____.

Composición: QUEJAS

Write out a possible complaint (**una queja**) that might be made by each of the following persons. Start out by identifying yourself. Then state that you are not happy and tell why.

MODELO   El hijo de una familia extensa
Soy hijo de una familia extensa. No estoy contento porque no puedo hablar con mis padres a solas.

1. La madre de una familia nuclear
2. El padre de una familia extensa
3. El hijo de una familia nuclear
4. Una abuela que vive sola en su propio apartamento

COSTUMBRES Y CULTURAS: EL INDIVIDUALISMO HISPÁNICO

*Even though Hispanic families are generally extended and closely knit (**unidas**), the Hispanic tendency toward individualism is strong. Read the following description of this trait and then answer the questions.*

El individualismo es una característica muy importante en el mundo hispánico. En la familia este énfasis está ilustrado en el sistema de apellidos. La esposa conserva su apellido de soltera después del matrimonio. Los hijos usan los dos apellidos: primero, el apellido de su papá y segundo, el apellido de su mamá. El resultado es que padre, madre e hijos tienen apellidos diferentes. ¡Viva el individualismo!

En Norteamérica los padres hablan mucho de la necesidad de tratar a los hijos con igualdad. Es importante tratar a todos de la misma manera. En España y en Hispanoamérica los padres (y abuelos y tíos) hablan más de la necesidad de conocer el carácter particular de los hijos. Cada niño y niña tiene aptitudes diferentes y tiene derecho a recibir un tratamiento individualista y especial.

Preguntas

1. ¿Por qué tienen diferentes apellidos el padre y la madre de la típica familia hispánica?
2. ¿Es común ahora esta situación en Norteamérica? ¿Por qué? ¿Qué opina usted de esta costumbre?
3. ¿Por qué tienen los niños hispanos un apellido diferente del apellido de sus padres? ¿Cree usted que esto causa problemas?
4. ¿Qué diferencia de actitud hay entre hispanos y norteamericanos cuando tratan a sus hijos? ¿Qué piensa usted de esto?
5. ¿Es la familia de usted una familia típica? Descríbala.

 ## Ser padre: ¿Necesidad o deseo?

Anticipación

The following magazine article talks about a change of attitude observed recently in Colombian men. Judging from the title, photo, and first paragraph, what do you think this "new attitude" is? Does the photo show what men want or what they fear?

Look at the list of key phrases from the article. Are there any friendly cognates? Are there any deceptive cognates? Before reading, find out the meaning of these words (either from class discussion or from the Vocabulario at the back of the book).

Palabras y expresiones claves

el instinto paterno
las clases populares (*bajas*)
la élite (*clase media y alta*)
una reafirmación de su
   machismo

la planificación familiar
un miedo al compromiso
las exigencias (*de la mujer*)

 ## Ser padre: ¿Necesidad o deseo?

Manuel Belaunzarán

Con la ayuda de una psicóloga analizamos las actitudes de los colombianos hacia la paternidad, la presencia o no del «instinto paterno».

De vez en cuando el milenario° instinto paterno deja de° funcionar. Hay hombres, en definitiva, que no desean tener hijos.

No se trata° de monstruos. Probablemente son seres° con
5 una potencial muy grande de cariño. Lo que pasa es que «no les da la gana de tener° hijos». ¿Las causas? Son diversas. Florence Thomas, psicóloga de la Universidad Nacional, hace una distinción fundamental entre los hombres de las clases populares y los hombres que pertenecen° a la
10 élite, que ha podido recibir un grado de educación más o menos importante. Para los primeros la paternidad es una necesidad más que un deseo.

La sociedad colombiana en su gran mayoría es una sociedad machista. Una buena parte del peso° de la educación
15 de los niños recae sobre° las mujeres y la presencia del padre únicamente se requiere en momentos aislados.° Para la mayoría de los padres — ubicados° en sectores populares — la paternidad es la «confirmación de su virilidad». Por eso en las clases más bajas el número de hijos de una pareja es
20 definitivamente superior° al que presentan las familias de clase media o alta. Al respecto agrega° la psicóloga Thomas. «Se trata de una reafirmación de su machismo más que de un deseo de concretar° una paternidad feliz. Lo hacen a pesar de que° esa actitud representa cargas° nuevas muy gran-
25 des desde el punto de vista económico... Por eso es difícil adelantar° programas de planificación familiar en estas zonas de la población».

La abstinencia paterna se presenta básicamente en sectores de clase media y alta. El motivo tiene que ver° directa-
30 mente con las mujeres y su nueva actitud frente al° hecho de la familia. Las mujeres de hoy están en todas partes: las universidades, las oficinas, los estadios,° los cafés... todos los reductos° masculinos que antes eran° invulnerables. «Se trata de un miedo al compromiso»,° dice Thomas. «Los
35 hombres temen comprometerse en una tarea° complicada donde la mujer de hoy está en capacidad de hacer muchas exigencias. Se trata de un período de transición. Es una actitud de evasión que se da° principalmente entre hombres de los 20 a los 30 años. Creo que ése es el factor principal».

De *Cromos,* una revista colombiana

Margin glossary:

muy viejo / **deja...** *stops*

No... *It's not a question /* individuos
no... *they don't feel like having*

belong

responsabilidad
recae... *falls on the shoulders of*
particulares
situados

más alto
Al... Sobre este tema habla

hacer
a... *in spite of the fact that /* responsabilidades
hacer progresos en

tiene... *has to do*
frente... *toward the*

stadiums
bastions / were
commitment
trabajo

se... ocurre

Preguntas

1. ¿Qué es el «instinto paterno»?
2. ¿Qué nueva actitud tienen hoy algunos hombres colombianos? ¿Cree usted que esta actitud es común también en Estados Unidos y Canadá? ¿Solamente entre los hombres o entre las mujeres también?
3. Según la psicóloga Florence Thomas, la paternidad es «una necesidad más que un deseo» para los colombianos de la clase baja. ¿Por qué?
4. ¿Quiénes practican más la planificación familiar — las parejas de las clases media y alta o las parejas de la clase baja? ¿Le parece lógico esto? Explique.
5. ¿Cuáles son las «nuevas exigencias» de la mujer de hoy?
6. ¿Por qué tienen un miedo al compromiso muchos colombianos de los 20 a los 30 años? ¿Comprende usted su actitud o no? Explique.

Vocabulario: LOS MODISMOS Y SU USO

Match the idioms from the article to their English counterparts. (For an explanation of idioms, see page 7.) Then fill in the blanks in the description called **Mi primo Carlitos** (*My Cousin Charlie*) with the missing parts of the correct idioms. (Some are used more than once.)

1. tratarse de
2. de vez en cuando
3. a pesar de (que)
4. punto de vista
5. tener que ver con
6. por último

_____ *in spite of (the fact that)*
_____ *finally*
_____ *to have to do with*
_____ *to be a question of*
_____ *point of view*
_____ *from time to time*

Mi primo Carlitos

Tengo un primo casado que se llama Carlitos. A _____ _____ _____ su esposa Luisa es muy simpática, Carlitos no desea tener hijos. No se _____ _____ un monstruo. Es simplemente que no desea complicaciones. Carlitos lo explica así: «Mi _____ _____ _____ es lógico. Tengo una mujer cariñosa, un apartamento cómodo y un trabajo interesante. ¿Qué más necesito?»

Por otra parte, Luisa tiene un _____ _____ _____ completamente diferente: «No se _____ _____ la lógica; se _____ _____ las emociones. La actitud de mi esposo frente al hecho de la familia tiene _____ directamente con la actitud de sus padres. Ellos son vanidosos y no desean ser abuelos ahora. Por _____, Carlitos es materialista. Prefiere tener un nuevo auto y no un hijo. Pero de _____ _____ _____ yo pienso que los niños son el factor más importante en la vida — porque los niños son el futuro».

¿Qué opina usted de la situación de mi primo y su esposa?

Opiniones

1. ¿Por qué describe el autor la sociedad colombiana como una «sociedad machista»? Para usted, ¿qué es el machismo?
2. ¿Qué opina usted del feminismo y del machismo en Norteamérica? ¿Es usted feminista? ¿machista? Explique.

Juego-test: ¿Está usted hecho/a para la vida familiar?

Anticipación

In previous generations the single life carried a certain stigma. People who lived as "old maids" or "old bachelors" inspired pity. Nowadays many are choosing this option. Are *you* made for family life? The following "game-test" from a Spanish newspaper is designed to tell you.

Before taking the test, look at the list of key words and expressions and try to guess their meaning. Then check your guesses through class discussion or by using the Vocabulario at the back of the book.

Palabras y expresiones claves

un obstáculo	valorar y apreciar
vivir al día	estar a gusto
a lo largo de toda la vida	espíritu de clan cerrado

Actividad en pareja

Work with a partner, taking turns reading each question aloud. Number from 1 to 10 and copy your partner's answers (a or b). He/she will copy yours.

Juego-test: ¿Está usted hecho/a para la vida familiar?

El simple hecho de formar una familia es cosa corriente° en nuestros días pero ¿estamos realmente preparados para ello? Con este fin° hemos confeccionado° el presente cuestionario que nos puede ayudar a conocer, de una manera aproximada, nuestra actitud hacia el entorno° familiar.

común

motivo / preparado

ambiente

Normas básicas

Responda de manera rápida pero reflexiva° a cada una de las preguntas siguientes. Escoja° la respuesta que más se ajuste a su manera habitual de hacer y pensar.

después de pensar
Choose

5 **1. ¿Piensa usted de vez en cuando que la familia es un obstáculo para su superación° personal?**
   a) Sí.   **b)** No.

self-improvement

2. ¿Es de la opinión de que los niños están muy bien° pero dan demasiados problemas?

están... are all right

10 **a)** Sí.
   b) A pesar de ser° cierto que dan problemas, no son tantos ni tan difíciles de resolver.

A... In spite of being

3. ¿Vive usted al día sin pensar en el futuro?
   a) Sí.   **b)** No.

15 **4. ¿Piensa que los padres son lo° más importante para los hijos a lo largo de toda la vida?**
   a) Sí.   **b)** No.

that which is

5. Cuando tiene una buena noticia o un proyecto entre manos, ¿a quién se lo cuenta antes°?

se... do you tell it first

20 **a)** A mi mejor amigo/a.   **b)** A mi familia.

6. **Si tuviese° una propuesta de trabajo excelente, pero en el extranjero° y sin la posibilidad de llevarse a su familia, ¿aceptaría?**

 a) Sí, lo aceptaría.   **b)** No, no lo aceptaría.

Si... *If you were to receive*
en... *en otra nación*

7. **¿Piensa que lo/la valoran y aprecian más fuera de° la familia que dentro?**

 a) Sí. **b)** No.

fuera... *outside of*

8. **¿Entre sus padres y usted hay un clima de cariño y amistad?**

 a) Sí. **b)** No.

9. **Toda la gente que llega a ser algo en esta vida, debe dejar a un lado° a la familia. ¿Es cierto?**

 a) Sin duda. **b)** No necesariamente.

dejar... *leave behind*

10. **¿Utiliza con total normalidad vasos° o toallas° ya usados por algún componente de su familia?**

 a) No, por motivos de higiene. **b)** Sí.

drinking glasses / towels

(Las soluciones se hallan en la página 16.)

De *La vanguardia,* un periódico español

Actividad en pareja Continuación

Look at the solutions on page 16. Follow the directions for scoring and tell your partner his/her score. Find out what your score was and read the appropriate description. How do you compare with the rest of your classmates?

Preguntas

1. Según el juego-test, ¿está usted hecho/a para la vida familiar o para la vida de soltero/a? ¿O está usted en el medio (con una puntuación de 7 a 13)? ¿Cree usted que esta evaluación es válida?

2. ¿Qué comprende usted por la idea de una «familia abierta»? ¿Está usted a gusto en ese tipo de familia o no? ¿Por qué?

3. En general, ¿cree usted que una familia «con espíritu de clan cerrado» es un obstáculo para la superación personal del individuo? ¿O es a veces una ayuda? ¿Qué personas famosas hay de familias cerradas?

4. ¿Está bien o mal vivir al día sin pensar en el futuro? Explique.

5. Para usted, ¿qué importa más: el trabajo o la familia?

Opiniones

1. ¿Qué opina usted de la vida de soltero o de soltera? ¿Qué ventajas hay en comparación con el matrimonio? ¿Qué desventajas hay?

2. ¿Cree usted que una pareja casada que decide no tener hijos es una pareja de egoístas? Explique.

3. En su opinión, ¿por qué hay tantos divorcios ahora? ¿Cree usted que un divorcio es siempre malo para los niños? ¿Por qué?

Soluciones al juego-test

Puntuación

Sume° un punto por cada respuesta que coincida con las siguientes y después multiplique el resultado por dos.

Add

1. b	**6.** b
2. b	**7.** b
3. b	**8.** a
4. a	**9.** b
5. b	**10.** b

De 0 a 6 puntos

Usted es un solterón° / una solterona° en potencia.° Estima
demasiado su propia libertad para poder estar a gusto en
un ámbito° familiar. Lo mejor° que puede pasarle es que-
darse soltero/a o bien, de estar ya° casado/a, no tener hijos.

bachelor / spinster / en... potential

atmósfera / Lo... The best thing
de... *if you are already*

De 7 a 13 puntos

Usted está a gusto en familia, pero en una familia abierta,
sin espíritu de clan cerrado. Para ningún integrante° de su
familia debe ser ésta° el único círculo social de su vida.

miembro
debe... *should this* (the family) *be*

De 14 a 20 puntos

Si ya° tiene una familia, usted lo tiene todo. De no ser así,°
no puede tardar mucho en hacerlo. Algunos tienen a la familia como un obstáculo y algunos la tienen como un incentivo vital. Usted forma parte del segundo grupo.

already / De... Si no es el caso

Repaso con un dibujo

Using the vocabulary list, other words you have learned, and some idioms (if possible), talk or write in Spanish about what you see in the drawing. Use your imagination. This is not the time to be concise.

LISTA DE VOCABULARIO

abuelo/a	conocer	hijo/a	quedar
actitud	conversar	hombre	saber
anciano/a	creer	llevar	sistema
apartamento	cuidar	madre	solo/a
apellido	derecho	mujer	soltero/a
aprender	desear	necesitar	tío/a
ayuda	esposo/a	niño/a	trabajar
ayudar	familia	padre	trabajo
cariño	familiar	pareja	tratar
cariñoso/a	hacer	pariente	viejo/a
casado/a	hecho/a	pensar	visitar
conflicto	hermano/a	primo/a	vivir

Modismos y expresiones

a lo largo de	de vez en cuando	tener derecho a	tratar de + *inf.*
a pesar de (que)	estar a gusto	tener que ver con	tratarse de
depender de	por último		

CAPÍTULO DOS

El mundo
de los estudiantes

The Present Tense

Presentación de vocabulario

LOS ESTUDIANTES

Study these important words related to the chapter theme. English translations are not given for cognates or near cognates. If you have doubts about some word meanings, you can check them in the Vocabulario at the back of the book.

La universidad: ¿Dónde?

la biblioteca	library	**el gimnasio**	
el café		**el laboratorio**	
la cafetería		**la librería**	bookstore
la facultad		**la sala de estudio**	

COGNADOS ENGAÑOSOS

La facultad means *school* or *college,* not the professors (*faculty*), as it is used in English. For example, **la facultad de ingeniería** refers to *the school (college) of engineering.* Another deceptive cognate is **librería,** which means *bookstore,* not *library.* The word for *library* is **biblioteca.**

La universidad: ¿Quiénes?

el alumno / la alumna	student
el/la estudiante	student
el/la joven (los jóvenes)	young person (young people)
el profesor / la profesora (los profesores)	professor(s), teacher(s)

En la universidad: ¿Qué hacen?

aprobar (ue) (no aprobar)	to pass (not pass)
cambiar (de opinión)	to change (one's mind)
dar (hacer) los exámenes	to take exams
elegir (i) materias	to choose subjects
escribir	to write
estudiar para abogado / médico	to study to be a lawyer / doctor
ir (a la clase, a la biblioteca)	to go (to class, to the library)
leer	to read
platicar, charlar	to chat
repasar	to review
seguir (i) el curso	to take the course
tomar notas (apuntes)	to take notes
tomar una decisión	to make a decision

En la universidad: ¿Qué?

la aprobación	passing mark	**sacar buenas (malas) notas**	to get good (bad) marks
la materia	subject		
la opción	optional course	**el título**	degree
el repaso	review		

La educación y el dinero ($$)

la beca	scholarship, grant	**los derechos de matrícula**	tuition, fees
costar (ue), el costo		**el salario**	

Campos y carreras

(las) artes		**enfermería**	nursing
ciencias		**filosofía**	
ciencias políticas		**ingeniería**	
comercio		**matemáticas**	
computación	computer science	**medicina**	
derecho	law	**psicología**	
educación		**veterinaria**	

Práctica de vocabulario

El laberinto

Go around the class following the labyrinth. Each student chooses one option from each column in turn until a complete sentence has been made. Remember to change the endings of adjectives and verbs to agree with the subject. Make up at least one sentence for each subject. Finally, try to invent a humorous sentence about each one.

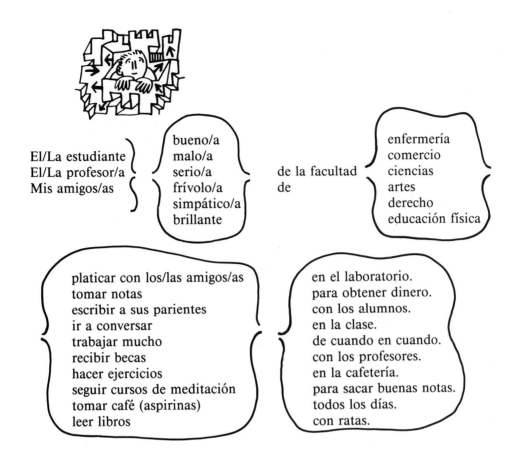

| El/La estudiante El/La profesor/a Mis amigos/as | bueno/a malo/a serio/a frívolo/a simpático/a brillante | de la facultad de | enfermería comercio ciencias artes derecho educación física |

platicar con los/las amigos/as
tomar notas
escribir a sus parientes
ir a conversar
trabajar mucho
recibir becas
hacer ejercicios
seguir cursos de meditación
tomar café (aspirinas)
leer libros

en el laboratorio.
para obtener dinero.
con los alumnos.
en la clase.
de cuando en cuando.
con los profesores.
en la cafetería.
para sacar buenas notas.
todos los días.
con ratas.

Frases personales

Using just the last two sections of the labyrinth and changing the verbs to the **yo** form, make up five sentences in Spanish about yourself.

Campos y carreras

Fill in the blanks with words from the **Presentación de vocabulario.**

1. Los alumnos de la facultad de ingeniería estudian para _____.
2. Los alumnos de la facultad de derecho estudian para _____.
3. Los alumnos de la facultad de _____ estudian para profesor.
4. Los alumnos de la facultad de medicina estudian para _____.
5. Los alumnos de la facultad de _____ estudian para enfermero.
6. Los alumnos de la facultad de _____ estudian para psicólogo.

How good is your "ear for Spanish"? Can you guess how to say the following?

geology	_____	geologist	_____
sociology	_____	sociologist	_____
biology	_____	biologist	_____

Actividad en pareja Preguntas sobre los estudios

Work with a partner. One of you takes column A and the other column B. Ask each other the questions to obtain personal data. When the time is up, your instructor may call on you to report what you have learned.

A.

1. ¿Qué materias estudias? ¿Cuál te gusta más? ¿Por qué?
2. ¿Cómo se llama tu facultad? ¿Es grande o pequeña?
3. ¿Adónde vas más — a la cafetería o a la biblioteca? ¿Qué haces allí?

B.

1. ¿Cuál es tu clase favorita (además de la clase de español)? ¿Cómo se llama el profesor / la profesora?
2. ¿Para qué carrera estudias? ¿para abogado/a?
3. ¿Adónde vas para platicar con los amigos? ¿para estudiar?

La universidad* latinoamericana

1. La universidad

A la edad de dieciocho años, después de terminar la escuela secundaria,† un porcentaje (%) de los jóvenes latinoamericanos va a la universidad. En general, este porcentaje es mucho más pequeño que en Estados Unidos o Canadá. El costo de la vida es muy alto en América Latina y los salarios son bajos. La matriculación en las universidades del estado es gratis (no cuesta nada) o cuesta muy poco, pero no tienen muchas de las instalaciones que son comunes en las universidades de EEUU: grandes bibliotecas, cafeterías, laboratorios bien equipados, salas de estudio, gimnasios, etcétera. Hay becas para los estudiantes que sacan muy buenas notas, pero no hay tantas como en Norteamérica.

---

*This overview of the educational system applies generally to most, but not to all, Latin American countries.
†High school (la secundaria) in Latin America begins for most students at the age of thirteen and lasts five years. The college-preparatory course, called the bachillerato or preparatoria, is generally considered to be somewhat more demanding than the average high school program in the United States.

2. Los estudios

En América Latina, cuando los jóvenes
llegan a la universidad, entran directamente a una facultad profesional (de medicina, de farmacia, etcétera). No tienen
que obtener primero un título de B.A. o
de B.S. como los estudiantes norteamericanos. Por eso los estudiantes latinoamericanos tienen que tomar una decisión con
respecto a su carrera más temprano.
Luego, estudian de cinco a ocho años antes de recibir su título. Si cambian de opinión, pueden salir de su facultad, pero
tienen que empezar desde el principio en
una nueva facultad. Otra diferencia es que
los estudiantes norteamericanos pueden
elegir ciertas materias en vez de otras.
Pero los estudiantes latinoamericanos si-
guen programas completos, sin opciones.

3. Los exámenes

Generalmente en América Latina los cursos son de un año, no de un «semestre», y
no hay exámenes intermedios. Por eso, los
exámenes que los estudiantes dan al final
del año son muy importantes. Algunos jóvenes sufren una crisis de nerviosismo
porque saben que el trabajo de todo un
año depende de un solo examen. Muchas
veces los exámenes son orales, o tienen
una parte oral y otra parte escrita.

4. Las carreras

En muchas universidades latinoamericanas predominan ahora las carreras prácti-
cas y hay una nueva tendencia hacia la
mezcla de hombres y mujeres en todos los
campos. Esto marca un cambio con el pasado cuando predominaban las carreras
tradicionales: derecho, ingeniería civil y
medicina para los hombres; educación y
humanidades (literatura, historia, etcétera)
o sociología y psicología para las mujeres.

Hoy todo es diferente. En Colombia, por ejemplo, en años recientes más del 50% de los jóvenes que estudian para abogado/a y médico/a son mujeres. En México las mujeres forman un tercio (33,33%) de los estudiantes de matemáticas y computación. Por otra parte, en estos dos países aproximadamente el 30% de los estudiantes de la facultad de educación ahora son hombres.*

5. La vida estudiantil

Las universidades latinoamericanas no tienen un gran número de residencias para estudiantes. La mayor parte de los estudiantes viven con su familia o, si no hay una universidad cerca de su casa, con parientes o amigos, o en una pensión. El café es un lugar importante para ellos. Allí van a discutir una variedad de temas — sobre todo, la política. Tradicionalmente en América Latina, los estudiantes tienen gran interés en la política de su país. De vez en cuando organizan movimientos y manifestaciones. A veces obtienen reformas importantes.

Comprensión de la lectura: VERDAD Y MENTIRA

The following paragraph is a combination of true and false statements. Read it through and underline the parts that are false. Then change them to make them true.

La universidad latinoamericana: Verdad y mentira

En América Latina muchos jóvenes no van a la universidad porque la matriculación cuesta mucho. Por otra parte, es muy fácil obtener una beca. Los estudiantes latinoamericanos son más jóvenes que los norteamericanos cuando tienen que tomar una decisión con respecto a su carrera. Los campos tradicionales para la mujer son ingeniería civil, medicina y derecho, pero ahora muchas mujeres estudian para profesora. Los estudiantes latinoamericanos pueden elegir varias opciones y dan muchos exámenes orales a lo largo de cada curso. La mayor parte de ellos viven en residencias de la universidad y algunos participan activamente en la política de su país.

*Esta información está tomada del *Anuario estadístico de UNESCO,* París.

Preguntas

1. Generalmente, ¿qué instalaciones no tienen las universidades latinoamericanas? ¿Cree usted que estas instalaciones son realmente importantes o no? ¿Por qué?
2. ¿Cuántos años tienen los alumnos cuando entran a una facultad profesional en América Latina? ¿y en Estados Unidos? ¿A qué edad cree usted que una persona puede tomar una decisión con respecto a su carrera?
3. ¿Por qué son muy importantes los exámenes que los estudiantes latinoamericanos dan al final del año? ¿Son orales o escritos? ¿Cuáles prefiere usted?
4. ¿Qué nueva tendencia hay en América Latina con respecto a las carreras que eligen los jóvenes?
5. ¿Por qué es importante el café en la vida de los estudiantes latinoamericanos?

Opiniones

1. Muchos latinoamericanos creen que la idea norteamericana de tener opciones en los programas de estudio es un poco loca. Ellos dicen: «O una materia es importante o no es importante. Si es importante, no debe ser opcional. Si no es importante, no debemos estudiarla». ¿Está de acuerdo usted o no? ¿Por qué?
2. ¿Qué cursos son los más populares en su universidad? ¿Por qué? ¿Hay más mujeres u hombres en estos cursos?

Composición dirigida

Write a brief description (five to eight sentences) in Spanish of your studies.

1. Tell first *what* subjects you are studying, *where* (**¿en qué universidad, instituto, escuela?**), and *why* (**¿por qué desea ser abogada, ingeniero, etcétera?**).
2. Then tell something of your *personal reactions* to your studies (**su profesor/a favorito/a; qué clases son interesantes, horribles, útiles, necesarias, etcétera**).
3. Finally, tell *whether you like the life of a student or not and why.* (If you are not a full-time student, imagine what you would consider the ideal university program and write as if you were taking it.) Use the vocabulary on pages 19–20 for reference.

 **¿Sabes prepararte para un examen?**

Anticipación

Why do some students do so well in exams and others so poorly? Is it just a question of intelligence? Glance through the following article taken from a Cuban magazine. What point of view on this question do you think it will present? Look at the list of key words. Are there any helpful cognates or near cognates? Learn these words before reading; they will help you to follow the main ideas.

Palabras y expresiones claves

«sufrir los exámenes»   puntos fuertes y débiles
temor y ansiedad   planificar y organizar
mejorar nuestra   confianza, seguridad y
    preparación (memoria)   serenidad

 # ¿Sabes prepararte para un examen?

Gustavo Torroella

Los resultados que obtenemos en los exámenes están gene-
ralmente muy influidos por nuestra disposición.° Por esto es
importante analizar las actitudes que suelen° asumir los es-
tudiantes frente a° los exámenes, para eliminar las posturas
negativas y promover las favorables.

actitud, estado emotivo
acostumbran
frente... con respecto a

1. **Actitud hacia el examen.** Muchos estudiantes tienden a considerar los exámenes como un sufrimiento o tortura mental. «Sufrir los exámenes», se suele decir. Lógicamente, los estudiantes que tienen estos conceptos de los exámenes los miran con temor y ansiedad y, a menudo,° pasan por una crisis de «nerviosismo» en la época° de los exámenes, o tratan de escapar o «burlarse»° de ellos.

    Esta actitud negativa es reforzada porque la aprobación del curso, el mantenimiento de la beca o el paso a un nivel° superior depende del resultado obtenido en los exámenes.

    ¿Cómo podemos mejorar nuestra preparación para el examen? La mejor manera de prepararnos para el examen consiste en comprender clarmente su naturaleza° y propósitos.°

2. **¿Para qué nos examinamos?** El estudio requiere una evaluación de los resultados para lograr° varios objetivos importantes:
    (a) El examen te permite apreciar el desarrollo° de tus capacidades e intereses en comparación con los demás° estudiantes.
    (b) El examen te enseña cuáles son tus puntos fuertes y débiles.
    (c) Cuando te preparas para el examen mediante° el repaso, consolidas tus conocimientos° y eliminas los detalles superfluos de la materia.

    La consideración de estos objetivos nos debe llevar a reconocer la importancia de los exámenes y sus ventajas° para el estudio.

3. **Preparación para el examen.** La preparación para el examen comienza el primer día del curso. Te empiezas a preparar para el examen cuando planificas y organizas tus actividades adecuadamente con vista° a tener un tiempo para el estudio; cuando procuras° tener las condiciones necesarias para aprender; cuando aprendes a leer con más rapidez y comprensión; cuando tratas de mejorar tu memoria.

4. **Uso de notas, esquemas,° sumarios.** Debes elaborar, a lo largo del curso, un material de notas, resúmenes, esquemas y sumarios de las clases y de las asignaturas.° El período de preparación para el examen es el momento de utilizar todo este material.

5. **El repaso final.** El repaso debe ser selectivo. Primeramente hay que° seleccionar de todo el material los puntos principales. Con estos puntos debes organizar un

a... frecuentemente	
la... el período	
trick their way out	
level	
esencia	
objetivos	
obtener	
development	
otros	
por	
knowledge	
advantages	
la intención	
tratas de	
outlines	
materias	
hay... es necesario	

sumario general, prestando° especial atención a los aspectos de la materia en que sabes que estás más débil o
deficiente.

6. **Planificar el tiempo y hacer un horario° para el repaso.**
50   No debes dejar a tus buenos deseos el repaso para el
examen. Hay que señalar° el día y la hora. La preparación planificada y sistemática proporciona° al estudiante
un estado psicológico de confianza, seguridad y serenidad que favorece la ejecución del examen.

poniendo

schedule

indicar
da

De *Bohemia,* una revista cubana

Preguntas

1. Según el artículo, ¿qué actitud tienen muchos estudiantes hacia los exámenes? ¿Cómo considera usted los exámenes?
2. ¿Por qué es reforzada esta actitud negativa?
3. ¿Cuáles son algunos objetivos importantes de los exámenes?
4. ¿Cuándo empieza la preparación para el examen? ¿Por qué?
5. Según el artículo, ¿qué hace un estudiante para prepararse para un examen?
6. ¿Qué material debe elaborar un estudiante a lo largo del curso? ¿Cree usted que la mayoría de los jóvenes en su universidad hacen esto?
7. ¿Cómo debe ser el repaso final? ¿Por qué es importante hacer un horario para este repaso? ¿Hace usted un horario para los repasos?

Composición: RESUMEN DE LA IDEA PRINCIPAL

Think about what you have read. What is the main concept that the author is trying to convey? Look through the article. Then in two or three sentences in Spanish state the main idea of this article. Compare what you have written with the statements of your classmates. Which are the clearest and most correct?

Actividad en grupo Situaciones

Work in groups of three to four. Take turns reading aloud the following situations. After a situation is read, discuss it with your group in Spanish and decide on the best solution. When the time is up, your teacher may ask you to explain your group's opinion of one of the situations.

1. *El sistema de honor* Hugo sigue un curso de historia y necesita una buena nota para mantener su beca. La profesora cree en el sistema de honor y por eso sale de la clase cuando hay exámenes. Hugo observa que muchos estudiantes hacen trampas (*cheat*) cuando ella no está. En tu opinión, ¿qué debe hacer Hugo? **a.** hablar con los otros estudiantes **b.** escribir una nota anónima al decano de la facultad **c.** hablar con la profesora **d.** hacer trampas como los otros. Explica.
2. *Un conflicto entre compañeras de cuarto* Bárbara es una estudiante seria que vive en una residencia. Ella trata de estudiar, pero no puede porque cada noche el novio de su compañera de cuarto viene de visita; luego ellos charlan y escuchan música. Su compañera le dice a Bárbara: «Si quieres estudiar, ¿por qué no vas a la biblioteca?» En tu opinión, ¿quién tiene razón, Bárbara o su compañera? ¿Por qué?

3. *Un problema en el trabajo* Guillermo trabaja en la librería de su universidad. Un día el nuevo jefe (*boss*) le dice a Guillermo: «Si quieres continuar trabajando aquí, tienes que cortarte el pelo (*cut your hair*). El pelo largo representa una falta de respeto para el público». Guillermo responde: «¡No es justo! Hago un buen trabajo y no importa mi estilo de pelo». ¿Qué opinas tú? ¿Es justa o injusta la decisión del jefe? Explica.

El ligue en provincia

Anticipación

There's more to student life than schoolwork. The following magazine article is about student romance in a small provincial town in Mexico called Colotlán. It shows a kind of social life that is quite different from the North American style. Look at the list of key words and expressions. For the ones that are not cognates, there are line numbers indicated. Before reading the article, locate these words and expressions and try to guess their meaning from the context.

Palabras y expresiones claves

el ligue (Look at title and photo.)
de los ranchos y pueblos cercanos
costumbres y tradiciones
conseguir novio o novia (line 10)
ligar (line 16)

la plaza (lines 18, 46)
dar (una) vuelta (lines 19, 37, 38, 48)
el quiosco (Remember there is no *k* in Spanish.)
los noviazgos (line 59)

 El ligue en provincia

Francisco Javier Ramos

1   A la entrada del pueblo° un letrero° anuncia su nombre y el
número de pobladores: Colotlán 6.700 habitantes. Pero en
este pueblo en realidad hay más de ocho mil y en tiempos
de escuela sobrepasan los diez mil, debido a que° cientos de
5   estudiantes llegan de los ranchos y pueblos cercanos para
cursar la academia comercial, la normal° o la preparatoria.
Al igual que en muchas otras poblaciones de la provincia
mexicana, Colotlán conserva tradiciones heredadas° de generación en generación; una de ellas es la relacionada con
10   la forma de conseguir novio o novia.

town / sign

debido... *due to the fact that*

escuela para la preparación
    de profesores

transmitidas

¿Me invitas a dar una vuelta?

Colotlán, que significa «Tierra de alacranes°» por la abundancia del venenoso° animal, está ubicado° en la zona norte de Jalisco.° Es el más importante centro comercial y cultural de la región.

15 Si quieres ligar en Colotlán, el domingo es el día indicado. Para los jóvenes el movimiento comienza a las seis y media, hora en que la plaza se empieza a llenar de muchedumbre.° Hombres y mujeres jóvenes se dedican a dar vueltas alrededor° del quiosco, los hombres en un sentido° y las 20 mujeres en otro. Entonces una sutil seña,° un gesto o una mirada° especial pueden ser el principio de un romance.

Cuando acaba° la misa,° a las ocho de la noche, el jardín se llena de gente y se hace difícil la circulación. Entonces, vestidas con° sus ropas de domingo, las muchachas suelen° 25 caminar en parejas o en pequeños grupos, con andar lento y miradas expectantes, pero discretas. Las mujeres de estos rumbos° tienen fama de ser atractivas y en realidad hay mucho de cierto, todo es cuestión de buscar la pareja° adecuada; aunque a fin de cuentas,° es la mujer la que tiene la 30 última palabra.

Este día la mayoría de los hombres visten elegantemente; dominan las camisas a cuadros,° los sombreros tejanos° y las botas vaqueras.° Para entablar° contacto con la pareja 35 elegida es el hombre quien tiene que tomar la iniciativa.

---

escorpiones
poisonous / situado
uno de los estados de México

mucha gente
around / *direction*
signal
look
termina / ceremonia religiosa

vestidas... *dressed in* /
acostumbran

partes
partner
a... al final

camisas... *checkered shirts* / de Texas
cowboy / establecer

Generalmente, se presenta ante° su dama y le dice: «¿Te   en frente de
puedo acompañar?, ¿Me invitas a dar una vuelta?» Después
de dar juntos algunas vueltas y si los planes marchan bien,
él la invita al café o a la fuente de sodas. Gracias a un in-
40 tenso interrogatorio, ya sabe su nombre, estudios, ocupacio-
nes, pasatiempos y edad. Al cine Colonial, único que hay
en el pueblo, sólo van los novios. Las parejas que empiezan
a conocerse no van allí porque no está bien visto.°   bien... considerado como buena
                                                                 conducta

Las tradiciones continúan

45 Pero no es sólo el deseo de encontrar pareja lo que lleva a
los muchachos a la plaza; también son las tradiciones y las
normas morales. En la plaza los padres pueden ver con
toda naturalidad a sus hijas que dan vueltas y platican con
el pretendiente.° Ellos mientras tanto° pueden conversar con   suitor / mientras... durante este
50 las personas de su edad.   tiempo
    El viejo Enrique explica la paulatina° pérdida° de algunas   gradual / loss
costumbres por la influencia que llega de las ciudades.
«Aquí hay mucha gente joven que se va para Estados Uni-
dos, para el D.F.° o a Guadalajara y que luego regresa ya   Distrito Federal, la capital de México
55 con otras costumbres. Ahora muchos jóvenes le agarran° la   toman
mano° a su pareja, cosa° no permitida hace ocho años.°   hand / something / hace... eight
Pero yo considero que aún así, la juventud llega tarde en   years ago
relación a los centros urbanos, porque, por ejemplo, a nivel
secundaria° no hay muchos noviazgos; aquí todavía im-   a... at the high school level
60 porta el «qué dirá».°   que... "what will (people) say"

De *Encuentro de la Juventud,* una revista mexicana

Preguntas

1. ¿Qué significa el nombre «Colotlán»? ¿Por qué hay tantos estudiantes en este pequeño
   pueblo de Jalisco?
2. Después de las seis y media, ¿qué pasa en la plaza?
3. ¿Cómo están vestidos los muchachos y las muchachas?
4. ¿Quién toma la iniciativa: el hombre o la mujer? ¿Qué hace? ¿Quién toma la iniciativa
   en nuestra cultura?
5. Según el artículo, «es la mujer la que tiene la última palabra» en estos romances. ¿Cree
   usted que eso es verdad en nuestra cultura también?
6. ¿Quiénes son los únicos que van al cine Colonial? ¿Por qué no van las otras parejas?
7. ¿Cómo participa en estas tradiciones la familia de los jóvenes?
8. ¿Qué piensa usted de las costumbres de Colotlán?

Entre líneas

When you read articles, try to read "between the lines" and make inferences (conclusions based on other facts and opinions) about what is being said. Look at the words of old Enrique in the last paragraph. What can you infer from his words about his feelings regarding the following points?

1. La influencia de los Estados Unidos
2. La juventud que vive en las grandes ciudades como México (D.F.), Guadalajara o Los Angeles
3. La importancia del «qué dirá»

Opinones

1. ¿Adónde van los jóvenes de su universidad para ligar? ¿Cuándo van y qué hacen allí?
2. Según su opinión, ¿son sexistas algunas partes de este artículo o las costumbres que el artículo describe? Explique.
3. ¿Cree usted que hay más o menos divorcio en una ciudad como Colotlán en comparación con una ciudad típica de Estados Unidos? ¿Por qué?

Repaso con un dibujo

Using the chapter vocabulary list, other words you have learned, and some idioms (if possible), talk or write in Spanish about what you see in the drawing on page 33. Use your imagination and say or write as much as you can. This is not the time to be concise.

LISTA DE VOCABULARIO

abogado/a	comercio	facultad	notas
alumno/a	computación	filosofía	novio/a
aprobación	cosa	gimnasio	opción
aprobar	costar	ingeniería	planificar
apuntes	costo	ir	platicar
artes	curso	joven	profesor/a
beca	charlar	laboratorio	psicología
biblioteca	derecho	leer	repasar
café	dinero	librería	repaso
cafetería	educación	matemáticas	salario
campo	elegir	materia	título
carrera	enfermería	matriculación	universidad
ciencias	escribir	medicina	veterinaria
ciencias políticas	estudiar	médico/a	

Modismos y expresiones

cambiar de opinión	dar una vuelta	sacar buenas (malas)	tener una actitud
dar (sufrir) los	estudiar para	notas	(postiva / negativa)
examenes	(abogado/a...)	seguir el curso	hacia...
			tomar una decisión

EN LA UNIVERSIDAD

CAPÍTULO TRES

El mundo
de la fiesta

The Preterite Tense

Presentación de vocabulario

LA FIESTA

Aprenda usted estas palabras importantes relacionadas con el tema del capítulo. Los cognados y casi cognados no están traducidos al inglés. (Si usted tiene dudas respecto a alguna palabra, puede consultar el Vocabulario al final del libro.)

En tiempos de fiesta: ¿Qué hay?

el baile	dance	**divertido/a**	amusing, entertaining
la bandera	flag	**el espectáculo**	show
las bebidas	drinks	**los gastos**	expenses
las canciones	songs	**los juegos**	games
la cerveza	beer	**la música**	
la comida	food	**los regalos**	gifts, presents
las decoraciones		**el vino**	(white, red) wine
la diversión	entertainment	**(blanco, tinto)**	

En tiempos de fiesta: ¿Qué hace la gente?

bailar	to dance	**mezclar(se)**	to mix (together)
cantar	to sing	**reír(se) (i)**	to laugh
celebrar		**servir (i) comida**	
comer bien	to eat well	**tocar música**	to play music
decorar las casas		**tomar bebidas**	to drink beverages
divertirse (ie, i)	to enjoy oneself	**(alcohólicas,**	(alcoholic,
gastar bromas	to play jokes	**no alcohólicas)**	nonalcoholic)
gastar dinero	to spend money	**ver**	to see
jugar (ue) (a las cartas, al fútbol)	to play (cards, soccer)		

SE COMO PRONOMBRE REFLEXIVO

A common use of **se** is as the reflexive pronoun that means *himself, herself, oneself, themselves.* It is used with verbs called *reflexive verbs.* **Él se divierte. Se divierten.** (*He enjoys himself. They enjoy themselves.*) The other reflexive pronouns are **me, te, nos.** How would you translate: **Me divierto. ¿Te diviertes? Nos divertimos.**? Notice that the word *-self* is not always in the translation: **Ella se ríe.** (*She laughs.*) **Me sorprendí de escuchar música.** (*I was surprised to hear music.*) In a list or in a dictionary, reflexive verbs are usually written with **se** in parentheses following the infinitive.

Con motivo de la muerte

el cementerio		**muerto/a**	dead
la iglesia	church	**religioso/a**	
la muerte	death	**el velorio**	wake

LA MUERTE COMO UNA CELEBRACIÓN

Although it might seem surprising to include the topic of death in a chapter on parties and festivals, the themes are related in Hispanic culture. In many regions, November 2 is an important holiday called the **Día de los Muertos.** (See page 40 to find out how it is celebrated in Chile.) In certain rural areas, joyful rituals called **Angelito** celebrations accompany the death of a child. In general, death is viewed in a more natural, less morbid way than in many other cultures.

Otras palabras importantes

abrazar(se)	to hug (each other)	**el parque**	
el Año Nuevo	New Year	**la plaza**	square (*in a town*)
besar(se)	to kiss (each other)	**querido/a**	dear (one)
borracho/a	drunk	**salir (de)**	to leave, go out (of)
evitar	to avoid	**saludar**	to greet
la fecha	date (*on calendar*)	**el saludo**	greeting
la Navidad	Christmas	**sorprenderse (de)**	to be surprised
la Nochebuena	Christmas Eve	**la sorpresa**	
la Nochevieja	New Year's Eve		

SE PARA DECIR *EACH OTHER*

Someone once said, "**Se** in Spanish is like pepper in good food: you find it everywhere." Another use of **se** besides the reflexive is to express a *reciprocal action,* one that goes back and forth between two people: **Se abrazan. Se besan.** (*They hug. They kiss.*) In these examples, *each other* is understood. It is different if you say **La abuela besó al niño.** There is no **se** because the action is *not* reciprocal. If you want to express a reciprocal action between yourself and another person, you must use **nos: Juan y yo nos abrazamos.** (*Juan and I hugged each other.*)

Algunos modismos

a menudo	often	**llegar tarde**	to be late
en casa	at home	**no obstante**	nevertheless
llegar a tiempo	to be on time	**sobre todo**	especially, above all

Práctica de vocabulario

Palabras relacionadas

Muchos verbos y sustantivos (*nouns*) están relacionados. Llene los blancos con una palabra relacionada.

MODELO a) decorar   **decoración**   b) **abrazar**   abrazo

1. cantar _____	**8.** _____	celebración
2. saludar _____	**9.** _____	risa (*laughter*)
3. comer _____	**10.** _____	sorpresa
4. divertirse _____	**11.** _____	beso
5. gastar _____	**12.** _____	mezcla
6. jugar _____	**13.** _____	llegada
7. bailar _____	**14.** _____	salida

¿Qué pasó en la fiesta de anoche?

Imagínese que anoche hubo una fiesta en la casa de sus amigos. Usando las fórmulas A y B, invente muchas frases sobre la fiesta.

A. (En la fiesta de anoche, ¿qué hizo la gente?)
En la fiesta de anoche la gente... **comió mucho... platicó con sus amigos... tomó café o Coca-Cola...**
B. (En la fiesta de anoche, ¿qué hubo?)
En la fiesta de anoche hubo... **muchas decoraciones... algunos borrachos... buena música... conversaciones interesantes...**

Completar la historia

Llene los blancos con las formas correctas del pretérito de los verbos entre paréntesis.

Una fiesta en casa del profesor Chávez

La semana pasada mi amiga Teresa (ir) _____ a una fiesta en casa de su profesor de economía. Teresa (llegar) _____ tarde y (sorprenderse) _____ de la atmósfera cordial y poco formal. Estudiantes y profesores se (saludar) _____, y luego (charlar) _____ de los problemas y escándalos más recientes de la universidad. Un pequeño grupo (jugar) _____ a las cartas. El doctor Chávez (servir) _____ Coca-Cola y limonada porque su esposa necesita evitar el alcohol. Una banda musical (tocar) _____ ritmos diferentes, sobre todo la salsa, y varias personas (bailar) _____. A la hora de salir, los invitados (abrazarse) _____ al estilo hispano. Todos (divertirse) _____ mucho. Definitivamente, ésa (ser) _____ una linda fiesta.

COSTUMBRES Y CULTURAS:
LOS SALUDOS Y EL CONTACTO CORPORAL

En el momento de llegar o a la hora de salir es costumbre entre los hispanos besarse y abrazarse. El beso se da en la mejilla° y no en la boca.° Esto pasa entre mujeres, entre hombres y mujeres, o entre cualquier° adulto y un niño. Generalmente dos hombres adultos solamente se abrazan y no se besan. En la cultura hispana el contacto corporal no está tan limitado como en la cultura anglosajona. Es una manera común de expresar amistad y cariño o simplemente de saludar a otra persona. ¿Qué piensa usted de esta costumbre?

cheek
mouth
any

Actividad en pareja Fiestas y ceremonias

Trabajen en pareja. Alternando turnos, háganse las preguntas, una persona leyendo las preguntas de la columna A y la otra las preguntas de la columna B. Después de unos minutos, usted debe estar preparado/a para informarle a la clase sobre algunos hábitos o experiencias de su compañero/a.

A.

1. ¿Fuiste alguna vez a un funeral o a un velorio? (Sí, fui una vez a... / No, no fui nunca a...)
2. ¿Te gusta el vino blanco o el vino tinto? ¿Qué bebida prefieres tomar en una fiesta?
3. En la última fiesta a la que fuiste, ¿qué hizo la gente? ¿Qué hiciste tú?
4. ¿Viste un programa cómico en la televisión recientemente? ¿Te reíste?

B.

1. ¿Dónde estuviste la Nochebuena pasada? ¿Con quién o con quiénes? ¿Qué hiciste?
2. ¿Fuiste alguna vez a una iglesia muy antigua o un templo muy antiguo? ¿Dónde?
3. ¿Te ríes a menudo? ¿Cuándo?
4. ¿Jugaste a las cartas la semana pasada? ¿al fútbol? ¿Qué juegos te gustan?

Por Mañuel, tomada de la revista cubana *Bohemia*.

Carta ilustrada desde Santiago

El año pasado Miguel, un estudiante norteamericano de origen chileno, fue a Santiago, Chile, a visitar a sus tíos y primos. Después de varios meses le mandó una carta a su amiga Natalia, una estudiante de lenguas romances en la universidad de Tejas. Miguel se especializa en el campo de artes gráficas, así que decoró su carta con dibujos (sketches) originales.

Santiago, 18 de enero

Querida Natalia,

Estoy contento aquí en Chile. Los chilenos son amables y me fascinan sus costumbres. Llegué el 18 de septiembre, justo a tiempo para las Fiestas Patrias. Son dos días de fiesta que se celebran para recordar la fecha en que Chile obtuvo la independencia de España, en 1810. Es costumbre decorar casas y vehículos (¡hasta las bicicletas!) con la bandera chilena, que es blanca, azul y roja. En todas partes hay pequeñas orquestas que tocan «la cueca» (el baile nacional). En los parques se juega al fútbol y en las plazas se construyen «ramadas» (cafés hechos con ramas de árboles), donde

se sirven comidas y bebidas típicas. Mis tíos me dijeron que es casi la única ocasión en que todas las clases sociales se mezclan. Además, la policía — que en general es muy estricta — no arresta a los borrachos durante estas fiestas. Yo fui a cinco ramadas, probé platos nuevos y bailé mucho.

Aquí no se celebra Halloween, pero el 2 de noviembre celebraron el Día de los Muertos y mucha gente fue al cementerio para «visitar» a sus queridos muertos y poner flores en sus tumbas, como te muestro en el dibujo. Fue un día de gran movimiento en todo el país porque muchas

personas tuvieron que tomar autobuses, trenes o aviones para llegar a los cementerios donde están sus parientes. Me gustó esta costumbre sobre todo porque creo que en Estados Unidos evitamos demasiado el contacto con la muerte y con los muertos. Mis tíos me dijeron que nuestra costumbre de hacer los velorios en funerarias (*funeral homes*) no les parece natural. Los chilenos hacen casi siempre los velorios en sus casas.

Hice este dibujo en Nochebuena, el 24 de diciembre. De-

coramos el árbol de Navidad y a la noche se sirvió una comida excelente. Después cantamos villancicos (canciones de Navidad). Me divertí mucho. Mis primos pequeños (de cinco y ocho años) dejaron sus zapatos (y no sus calcetines) cerca de la ventana abierta (tienes que recordar que en Chile la Navidad es en verano, cuando hace buen tiempo). Ellos me dijeron: «El Niño Jesús y la Virgen nos van a traer regalos». Yo me sorprendí porque estoy acostumbrado a Santa Claus. Mis tíos me explicaron que en algunas familias se usa Santa Claus, pero que es una costumbre «importada».

El 28 de diciembre tuve un susto (*scare*) terrible cuando leí estas palabras en el periódico: ANOCHE EEUU DE-

CLARÓ LA GUERRA A CHILE. «¡Qué horror!» exclamé, pero mis tíos y primos empezaron a reírse y a repetir «¡Inocente! ¡Inocente!» Me dijeron que ese día es el Día de los Santos Inocentes y que todo el mundo gasta bromas, incluso los periódicos. La fecha corresponde a una fiesta religiosa que conmemora un hecho de la Biblia: cuando

Herodes ordenó la muerte de los niños inocentes de Judea. Yo expliqué que nosotros también tenemos un día cuando se gastan bromas, y que es el primero de abril.

Para celebrar la Nochevieja, fuimos todos en auto a Valparaíso, una ciudad que es puerto de mar. Allí vimos un bonito espectáculo que traté de dibujar: fuegos artificiales que se lanzaron desde los barcos. A medianoche oímos las campanas de las iglesias junto con muchas sirenas y bocinas, y todos nos besamos y nos abrazamos. Yo hice dos promesas para el Año Nuevo: 1) que voy

a dejar de fumar (la misma promesa que hice el año pasado, ¿recuerdas?) y 2) que voy a escribirte más a menudo.

Muchos saludos a tu familia.

Cariñosamente,

Miguel

NOTA DE GRAMÁTICA: SE COMO SUSTITUTO DE LA VOZ PASIVA

Another common use of the word **se** is as a substitute for the passive voice. In English one can say, The meal was so simple that *it almost cooked itself.* This is paralleled in Spanish: **Casi se cocinó sola.** But this construction is much more common in Spanish and is usually translated by the passive voice, since a literal translation would not make sense. For example, **Se celebran estos dos días** is translated as *These two days are celebrated.*

The verb in this construction is in the third person and is singular or plural to agree with the subject. Can you find other examples of this construction in the letter you just read?

Comprensión de la lectura: ¿CIERTO O FALSO?

Escriba **cierto** o **falso** delante de las siguientes frases que describen algunas costumbres chilenas. Corrija las frases falsas.

1. _____ En septiembre, durante las Fiestas Patrias, se decoran las casas y los vehículos con la bandera chilena, que es blanca, azul y roja.
2. _____ Las «cuecas» son pequeños cafés al aire libre donde se sirven comidas y bebidas típicas.
3. _____ En Chile es común hacer los velorios en funerarias.
4. _____ En Nochebuena los niños chilenos dejan sus zapatos cerca de una ventana abierta.
5. _____ El 1° de abril se celebra en Chile el Día de los Inocentes, y se gastan muchas bromas.
6. _____ En Nochevieja muchos chilenos van a ver los fuegos artificiales.

Preguntas

1. ¿Adónde fue Miguel el año pasado?
2. ¿Qué hizo Miguel el 18 de septiembre para celebrar las Fiestas Patrias?
3. ¿Adónde fueron muchos chilenos el 2 de noviembre, el Día de los Muertos? ¿Por qué le gustó esta costumbre a Miguel? ¿Le gusta a usted o no?
4. ¿Cómo celebraron Miguel y sus parientes la Nochebuena? ¿Cómo la celebró usted el año pasado? ¿Se divirtió usted?
5. ¿Qué susto tuvo Miguel el 28 de diciembre? ¿Por qué gastan bromas ese día en Chile? ¿Qué broma gastó usted el 1° de abril del año pasado?
6. ¿Adónde fueron Miguel y sus parientes para celebrar el Año Nuevo? ¿Qué hicieron allí? ¿Por qué cree usted que aquí no se celebra el Año Nuevo con fuegos artificiales?
7. ¿Cree usted que Miguel va a cumplir sus promesas? ¿Hizo usted alguna promesa el año pasado?

Gramática: ¿QUÉ PASÓ EN LA FIESTA?

Invente oraciones con las frases entre paréntesis, usando el **pretérito** del verbo y la construcción de **se** como sustituto de la voz pasiva.

MODELO   (gastar bromas)
En la fiesta se gastaron bromas.

1. (gastar dinero)   En la fiesta _____.
2. (comer tacos)   En la fiesta _____.
3. (servir bebidas alcohólicas)   En la fiesta _____.
4. (servir una buena comida)   En la fiesta _____.
5. (tocar canciones alegres)   En la fiesta _____.
6. (beber mucho vino)   En la fiesta _____.

Opiniones

1. ¿Cuál de los días de fiesta que se celebran en nuestro país es su favorito? ¿Por qué?

2. ¿Qué piensa usted de la costumbre de la policía chilena de no arrestar borrachos durante las Fiestas Patrias? ¿Qué hace usted si hay una fiesta en su casa y un amigo o una amiga está borracho/a? ¿y en su residencia estudiantil?

3. En general, ¿le gusta más a usted ir a fiestas grandes o pequeñas? ¿Por qué? ¿Qué piensa usted de las fiestas de sorpresa?

Composición dirigida

Escriba una breve carta (de cuatro a seis oraciones) a un amigo o a una amiga, explicando qué hizo usted el Día de Acción de Gracias (*Thanksgiving*) o en la fecha de celebración nacional (el 1 de julio en Canadá, el 4 de julio en Estados Unidos).

1. Para empezar se dice: **Querido/a** _____,

2. Diga lo que usted hizo o lo que pasó. Use el pretérito. Use la forma de **tú** para preguntar. (No trate de **describir** porque en general se usa el imperfecto para la descripción en el pasado.)

3. Para terminar se dice **Besos y abrazos** (si se trata de una amistad íntima) o **Con cariño** (si la amistad no es muy íntima) y luego su nombre. Y no olvide decir **Saludos a todos** o **Saludos a tu familia.**

Nochebuena en casa, Nochevieja en la calle

Anticipación

For many Americans and Canadians, Christmas always means turkey with dressing and cranberry sauce and children waiting anxiously for Santa Claus, right? Or could that be rabbit, goat, or fish on the table and children dreaming of three men with strange names? Read the following magazine article to find out about Christmas in Spain.

Before beginning, look at the list of key words and expressions. Do you find any cognates or near cognates? What word has been adopted directly from English? Try to guess the meanings. Check your guesses through class discussion or in the Vocabulario at the back of the book.

Palabras y expresiones claves

un estudio realizado por
   una empresa de marketing
las personas entrevistadas

el Día de Reyes
en esta época del año
en un abrir y cerrar de ojos

Nochebuena en casa, Nochevieja en la calle

José Manuel Huesa

Cotillones,° regalos, ocio,° viajes, champán y turrón° son palabras habitualmente relacionadas con la Navidad. Una época que para muchas personas es una fiesta familiar. Esto es lo que se desprende° de un estudio realizado para
5 *Cambio 16* por la empresa de marketing Emopública.

La primera conclusión del estudio es que en Navidad se sale poco. Los españoles prefieren festejar° estos días en su hogar° con la familia.

No obstante, las personas entrevistadas sí° se echan° ma-
10 sivamente a la calle en una fecha concreta: Nochevieja. Es un acontecimiento° muy especial, sobre todo para los adolescentes: se trata de la primera noche que pasan fuera de° casa divirtiéndose con los amigos y amigas, en una discoteca o en algún local que alquilan° expresamente para esa
15 ocasión.

Bailes / momentos libres / Spanish almond candy

deduce

celebrar
casa familiar
indeed / **se...** *salen*

event
fuera... *away from*

they rent

Barcelona, el 6 de enero, el Día de Reyes: dos niños españoles posan para una fotografía con uno de los reyes.

Hablar de la Navidad es hablar de los regalos. A pesar
de la influencia anglosajona de los últimos años, un 64 por
ciento de los españoles prefieren dar los juguetes a sus hijos
el Día de Reyes, mientras que sólo un 10 por ciento lo hace
20 el Día de Navidad. Son los más jóvenes los que anhelan° la   *desean intensamente*
fecha del 6 de enero para recoger° los regalos que les han   *recibir*
dejado en los calcetines° Melchor, Gaspar y Baltasar.°   *stockings* / **Melchor...** *nombres de*
  los reyes
En estas fechas, a pesar de la crisis económica, los españoles se permiten el lujo° de comer bien. El preciado   *luxury*
25 turrón y el popular cava° no pueden faltar° en las mesas du-   *vino especial* / *estar ausentes*
rante los días navideños. Y las preferencias a la hora de
confeccionar° los menús son muy variadas: marzapanes,°   *preparar* / *type of candy*
mariscos,° dulces, alcoholes, corderos,° pavos,° sidras, sopas,   *shellfish* / *lambs* / *turkeys*
cabritos,° uvas,° besugos,° lechones° y conejos° son algunos   *goats* / *grapes* / *red porgy fish* /
  suckling pigs / *rabbits*
30 de los productos que más se consumen en esta época del
año. Pero la encuesta° confirma que el dinero es el eterno   *survey*
problema de los españoles. Las pesetas ahorradas° durante   *saved*
meses se gastan en un abrir y cerrar de ojos durante las Navidades: los gastos en regalos, comidas y fiestas superan°   *exceden*
35 como media las 30.000 pesetas.*
Andalucía, según se desprende de este estudio, continúa
siendo una de las comunidades más pobres de España. Por
eso el 12 por ciento de su población no hace ningún gasto
extra en estas fechas y apenas° un 10 por ciento guarda   *scarcely*
40 cinco mil pesetas por si surge° algún imprevisto° navideño.°   *ocurre* / *necesidad no prevista* / *de*
  Navidad

De *Cambio 16,* una revista española

Preguntas

1. ¿Cuál fue la primera conclusión del estudio hecho por la empresa de marketing? ¿Cree usted que los españoles son diferentes o parecidos a los norteamericanos en este aspecto?
2. ¿Cuándo salen a la calle los españoles? ¿Por qué es muy especial esta fecha para los adolescentes? ¿Hay una ocasión parecida para los jóvenes en Norteamérica?
3. ¿Quiénes son Melchor, Gaspar y Baltasar? ¿Qué importancia tienen para los niños españoles? ¿Sabe usted en qué otros países estos tres señores son importantes?
4. ¿Qué comidas especiales se sirven en España para celebrar las Navidades? ¿Cuáles de estas comidas se sirven tradicionalmente también en Norteamérica en esta época? ¿Cuáles no se sirven?
5. ¿Cuál es el «eterno problema» de los españoles? ¿Se sorprende usted de esto?
6. ¿Qué pasa en Andalucía? ¿Hay regiones o comunidades norteamericanas que también lo pasan mal en Navidad?

*In 1989, 30,000 pesetas was equivalent to approximately $250 American dollars.

Vocabulario: LOS MODISMOS Y SU USO

Diga qué modismo o dicho (*saying*) en inglés corresponde a cada uno de los modismos en español. Luego, llene los blancos del párrafo llamado *El Día de Reyes* con las palabras que faltan de los modismos apropiados.

1. no obstante	_____	*in spite of*
2. sobre todo	_____	*as quick as a wink*
3. tratarse de	_____	*above all, especially*
4. a pesar de	_____	*the exception that proves the rule*
5. la excepción que confirma la regla	_____	*nevertheless*
6. en un abrir y cerrar de ojos	_____	*to be a matter of*

El Día de Reyes

La Nochebuena, el 24 de diciembre, es una fecha especial en España. _____
_____, hay otra fecha, el 6 de enero, de gran importancia, _____
_____ para los niños. Se _____ _____ la fecha cuando la iglesia católica conmemora un incidente de la Biblia cristiana: la llegada de los tres reyes orientales a Belén para adorar al niño Jesús. Ahora en España algunos padres les regalan a sus hijos los juguetes en Nochebuena, celebrando la figura importada de Santa Claus como explicación de la magia. Pero estas familias son la excepción que _____ _____
_____. La mayoría de los niños españoles esperan con emoción el 6 de enero para recibir los regalos. Abren sus paquetes en un _____ _____ _____ de ojos y dan gracias a los tres señores orientales: Melchor, Gaspar y Baltasar. Así podemos ver que a _____ _____ la reciente influencia anglosajona, las tradiciones antiguas continúan en España.

Actividad en grupo La Navidad y la Nochevieja

Hagan ustedes un «mini-estudio» sobre las costumbres de la clase. Trabajen en grupos de tres o cuatro personas. Alternando turnos, cada estudiante debe hacerles a los otros una de las preguntas. Después de unos minutos, usted debe estar preparado/a para informarle a la clase sobre las costumbres de su grupo.

1. ¿Qué comiste el Día de Navidad? ¿Qué bebidas tomaste? ¿Dónde? ¿Con quién o con quiénes?

2. ¿Crees que se gasta demasiado dinero durante la época de Navidad o no? Explica.

3. ¿Cómo celebraste Nochevieja el año pasado? ¿Saliste o estuviste en casa?

4. Cada año el 31 de diciembre hay mucha gente muerta en accidentes de auto relacionados con el alcohol. ¿Qué opinas tú de la costumbre de tomar bebidas alcohólicas para celebrar el Año Nuevo? ¿Es buena o mala esta costumbre? ¿Por qué?

La Diablada de Oruro: Mito y religión

Anticipación

Almost everyone has heard of the colorful Hispanic festivals when entire villages or cities indulge in extravagant dancing, feasting, and pageantry. Many occur in the spring during **Carnaval,** the week before the Christian season of Lent. What is less well known is that often these festivals derive not only from Christianity, but from other ancient traditions as well. The following article by the Argentine author Naldo Lombardi describes one such festival, the famous Devil Dance of Oruro, Bolivia.

Before beginning the reading, look at the key words. The last four are near cognates because each one is similar to an English word (shown in parentheses) that gives a hint of its meaning. Use this clue and the context (which can be found from the line number), to guess the meanings and write them down. Then look at the two contexts given for **llevar,** a word that you learned in the first chapter. Besides its meanings of *to take, bring, carry,* it has two other meanings which are used here. Guess them. Check your answers through class discussion or with the Vocabulario at the back of the book.

Palabras claves

llevar, líneas 10 y 19   _____

      _____

presenciar (*presence*), línea 14   _____
arrepentimiento (*repent*), línea 20   _____
vengarse (*vengeance*), línea 23   _____
vencer (*invincible*), línea 63   _____

La Diablada de Oruro: Mito y religión

Naldo Lombardi

Introducción

Este año como siempre, se celebró en Oruro (Bolivia) la famosa «Diablada»,° una de las fiestas más originales y divertidas de Sudamérica.

baile de diablos

5   La población de Oruro está compuesta, en su mayor parte, por indios quechuas y aymaraes.° Todos los años, en

quechuas... *two groups of Indians that once belonged to the Incan empire*

Dos «diablos» de Oruro.

tiempo de Carnaval, estos indios dejan su peligroso° trabajo   dangerous
en las minas y se ponen a bailar incansablemente al ritmo
de charangos° y otros instrumentos típicos. Los bailarines   guitarras peruanas
10 llevan disfraces° y máscaras multicolores que representan fi-   costumes
guras de la historia y de la mitología: incas, conquistadores,
sapos,° serpientes y, muy especialmente, diablos, centena-   toads
res° de diablos. También este año llegaron muchos turistas   hundreds
a presenciar° la «Diablada», pero muy pocos entendieron el   ver
15 doble significado, la mezcla° de mitos indígenas° y tradición   combinación / de los indios
católica que tiene esta danza de diablos.

Influencia del mito pagano

El Mito de los Andes cuenta que durante mucho tiempo, el
antiguo pueblo de los Urus llevó una vida disipada pero, fi-
20 nalmente, conoció el arrepentimiento: un día cambió su
manera de vivir y abandonó las malas costumbres. Pero al
antiguo señor de los Urus, un espíritu maligno llamado
Huari, no le gustó este cambio y resolvió vengarse° de los   to get revenge
Urus.
25   ¿Cómo se vengó? Envió contra ellos una serpiente y un
sapo gigantescos,° y un ejército de hormigas.° Pero entonces   enormes / **ejército...** army of ants
apareció una Ñusta (princesa de los incas), que transformó
al sapo y a la serpiente en figuras de piedra y convirtió a
las hormigas en granos de arena.° Huari fue vencido° y los   sand / conquistado
30 Urus vivieron en paz.

Muy cerca de Oruro, algunas colinas,° unas rocas enormes con forma de sapo y de serpiente, y un arenal,° guardan el recuerdo de esta lucha.° Todavía hoy, mucha gente va a esos lugares para cumplir° antiguos ritos.°

35   La figura más importante de la «Diablada» es el diablo, que se deriva en parte del mismo Huari de la leyenda.° También se identifica con el *Supay,* el demonio de los Andes, que es malo pero no demasiado,° vive en los Abismos y es dueño de la riqueza mineral de la tierra. Por eso, los
40   indios que trabajan en las minas le piden protección, lo llaman «Tío» y le ofrendan° cigarrillos, alcohol y hojas de coca.°

	hills
	desierto
	combate
	hacer / ceremonias
	legend
	no... not too much
	make offerings of / **hojas...** *coca leaves*

Un bailarín representa la muerte.

Influencia de la religión cristiana

Hay algunas semejanzas° entre la Ñusta y la Pacha-Mama (Madre Tierra), deidad° de la fertilidad en Bolivia y Perú;
45   pero casi todos están de acuerdo en que, para la mayor parte de los indios, la Ñusta se transformó en la Virgen del Socavón° (la madre de Jesucristo), patrona° de los mineros y figura central de la «Diablada». Los indios la llaman cariñosamente «Mamita del Socavón».
50   El programa del carnaval está compuesto por las danzas «diablescas» alternadas con ritos y dramatizaciones.° Una

	características similares
	persona divina
	cavern (mine) / patron saint
	short skits

de las más interesantes de éstas se llama El Relato: representa el pasaje° de la Biblia cristiana que se refiere a la rebelión de los diablos contra Dios. Los personajes° principales son el Arcángel San Miguel, Satanás° y otros siete diablos que personifican — a veces cómicamente — los Siete Pecados Capitales: Soberbia, Avaricia, Envidia, Pereza, Gula, Ira y Lujuria.°

sección
characters
nombre del diablo

Siete... *Seven Deadly Sins: Pride, Avarice, Envy, Laziness, Gluttony, Anger, and Lust*

55

Los diferentes grupos reproducen,° con complicados pasos,° la lucha entre los antagonistas. La primera batalla entre ángeles y diablos es terrible y termina con la victoria de Lucifer y sus demonios. Pero los ángeles atacan de nuevo, ayudados por la Virgen del Socavón, y vencen.

representan
steps

60

La mezcla de paganismo y cristianismo

En fin,° con «diablos», «ángeles», la Virgen del Socavón y animales fantásticos, la «Diablada» representa la lucha entre el Bien y el Mal, donde al final los buenos vencen. Es interesante comprobar° que se trata de una fusión de mito prehispánico y religión cristiana, en la cual es difícil reconocer las partes componentes con claridad. Porque esa mezcla es un nuevo mito, el mito vivo de un pueblo mestizo.°

En... *In short*

saber

of mixed races

65

70

Unos versos anónimos que se cantan durante la «Diablada» resumen claramente esta conjunción°:

combinación

Venimos desde el infierno
a pedir tu protección
todos tus hijos los diablos,
¡Mamita del Socavón!

75

Comprensión de la lectura: LOS PERSONAJES DE LA «DIABLADA»

Elija la descripción que corresponde a cada personaje y escriba su letra en el blanco apropiado.

1. _____ la Pacha-Mama
2. _____ la Pereza
3. _____ Huari
4. _____ la Virgen del Socavón
5. _____ el sapo

a. Es el antiguo señor de los Urus que trató de destruirlos.
b. Fue transformado en una enorme figura de piedra.
c. Es la deidad que representa a la Madre Tierra y la fertilidad.
d. Ayuda a los ángeles a vencer a los diablos.
e. Es uno de los Siete Pecados Capitales, personificado por un actor en una dramatización.

Preguntas

1. ¿Qué representan los disfraces y las máscaras que llevan los indios de Oruro en tiempo de Carnaval?
2. ¿Quiénes llegaron este año a presenciar el baile de los diablos?
3. Según el Mito de los Andes, ¿por qué decidió vengarse Huari?
4. ¿Qué envió Huari contra los Urus? ¿Quién los ayudó? ¿Cómo?
5. ¿Quién es el Supay? ¿Qué ofrendas le hacen los indios que trabajan en las minas? ¿Por qué?
6. ¿Qué es El Relato? ¿De qué se trata?
7. ¿Quiénes vencen en la primera batalla? ¿Qué pasa al final?

Vocabulario: *EL DETECTIVE DE COGNADOS*

Busque en el artículo los cognados de las siguientes palabras.

1. *mythology*   la _____
2. *spirit*   el _____
3. *serpent*   la _____
4. *grains*   los _____
5. *legend*   la _____
6. *riches*   la _____
7. *mask*   la _____
8. *clarity*   la _____
9. *miners*   los _____

Opiniones

1. Algunos antropólogos dicen que la religión en Latinoamérica es caracterizada por el «sincretismo» (la fusión total de elementos que vienen de dos culturas diferentes). ¿Cree usted que el festival de la Diablada de Oruro es un ejemplo de esto o no? Explique.
2. En su opinión, ¿por qué es popular la figura del diablo en muchas culturas? ¿Hay un gran número de personas en nuestra cultura de hoy que creen en él, o no? ¿Por qué?
3. Algunos creen que está mal gastar mucho dinero y tiempo en un festival como la Diablada. Los indios de Oruro son pobres y deben usar su dinero para cosas necesarias. ¿Qué piensa usted de esta opinión?

Refranes sobre la fiesta
(Proverbios)

Vino y amigo, el *más* antiguo.

Es necesario bailar al son que se toca.

Y lo bailado — ¡nadie te lo quita!

Historia en dibujos: EL FLECHAZO*

Mire los siguientes dibujos. Invente usted una historia (en el pretérito) que corresponde a los dibujos. Use palabras de la Lista de vocabulario y del Vocabulario adicional. Trate de hablar mucho. Éste no es el momento indicado para la concisión.

*Literalmente, «el flechazo» quiere decir *the arrow shot* y se refiere a la flecha de Cupido, el dios de amor. Es la manera común de hablar de un amor instantáneo. En inglés decimos *love at first sight*.

cinco años
más tarde

VOCABULARIO ADICIONAL

casar(se) con	to get married to
conocer	to meet
enamorar(se) de	to fall in love with

LISTA DE VOCABULARIO

abrazar(se)	cerveza	gasto	regalo
abrazo	comer	iglesia	reír(se)
alcohólico/a	comida	juego	religioso/a
árbol	decorar	jugar	rey
bailar	diversión	llegar a	salir
baile	divertido/a	mezclar(se)	saludar
bandera	divertirse	muerte	saludo
bebida	entrar a (en)	muerto/a	servir
besar(se)	época	Navidad	sorprender(se)
beso	espectáculo	Nochebuena	sorpresa
borracho/a	esperar	Nochevieja	velorio
canción	evitar	orquesta	vencer
cantar	fecha	parque	ver
celebrar	flor	plaza	vino
cementerio	gastar	querido/a	

Modismos y expresiones

a menudo	en un abrir y cerrar de ojos	llegar tarde (a tiempo)	sobre todo
en casa	gastar bromas	no obstante	tocar música

CAPÍTULO CUATRO

El mundo
de los refugiados

The Preterite and Imperfect Tenses

Presentación de vocabulario

LOS REFUGIADOS

Aprenda usted estas palabras importantes relacionadas con el tema del capítulo. Los cognados y casi cognados no están traducidos al inglés. (Si usted tiene dudas respecto a alguna palabra, puede consultar el Vocabulario al final del libro.)

Necesidades físicas

el agua (*f*)	water
los medicamentos	
la ropa	clothing

Necesidades espirituales

la amistad	friendship
la compasión	
la libertad	
la seguridad	safety, security

Los problemas y las dificultades

el campamento	(*refugee*) camp
la discriminación	

la guerra	war
la persecución	

PALABRAS QUE TERMINAN EN -MA

Most nouns that end in **-ma** in Spanish are of Greek origin and so are masculine: **el problema, el clima, el tema, el trauma,** etc.

Los gobiernos

capitalista	
ciudadano/a	citizen
comunista	
la ley	law
la mayoría	

la minoría	
la política	politics; policy (una palabra con *dos* significados)
el país	country (*nation*)
la patria	homeland

PALABRAS QUE TERMINAN EN -ISTA

English words that end in *-ist* usually have Spanish cognates that end in **-ista** for both masculine and feminine: **el capitalista, la comunista, los turistas, las feministas,** etc.

En el nuevo país

aceptar / rechazar	to accept / to reject
la adaptación	adjustment
(estar) adaptado/a	
buscar (trabajo, amistad)	to look (search) for
desear volver	to wish to return

escuchar (la nueva lengua)	to listen to
estar descontento/a	
extrañar (a la familia, a los amigos, la patria)	to feel lonely for; to miss

justo/a	just (*fair, righteous*)	**monolingüe, bilingüe**	
lograr (el éxito,	to achieve	**rico/a / pobre**	rich / poor
la adaptación)		**(no) tener éxito**	to be (not to be)
mirar (las nuevas cosas)	to look at		successful

VERBOS ESPAÑOLES QUE SE TRADUCEN CON UNA FRASE

Remember that some Spanish verbs like **cuidar** (*to take care of*) are expressed in English by a whole phrase: **buscar** (*to look for*), **mirar** (*to look at*), **escuchar** (*to listen to*), **extrañar** (*to feel lonely for*). Do not translate *for, at,* or *to* with a separate Spanish word. *They are looking for justice.* **Ellos buscan la justicia.** *She feels lonely for her relatives.* **Ella extraña a sus parientes.**

Otras palabras importantes

antiguo/a	ancient, old; former
la bisabuela	great-grandmother
el bisabuelo	great-grandfather
la tatarabuela	great-great-grandmother
el tatarabuelo	great-great-grandfather
la calle	street
la ciudad	city
cualquier(a)	any
emplear	to employ (*to use*)
mostrar (ue)	to show
propio/a	own (e.g., **su propia casa:** *his own house*)
la raza	race (e.g., **raza negra, blanca, india,** etc.)

Modismos y expresiones

a fines de (los 70)	at the end of (the seventies)
a veces	at times
Me da lástima.	It makes me sorry. It seems a pity.
me gusta / me gustan	I like it / I like them
¡Qué lástima!	What a pity! What a shame!
sin embargo	nevertheless

Práctica de vocabulario

Antónimos

Busque en las listas un antónimo (o un «casi antónimo», una palabra con un significado muy opuesto) para las siguientes palabras.

1. la minoría _____   **3.** pobre _____

2. la inseguridad _____   **4.** moderno _____

5. contento _____
6. rechazar _____
7. detestar _____

8. monolingüe _____
9. las restricciones _____
10. la justicia _____

Preguntas

1. ¿Qué necesitan los refugiados físicamente? ¿Qué otras cosas necesitan, además de las que aparecen en la lista?
2. ¿Qué necesitan espiritualmente? ¿Cuál de estas necesidades le parece a usted la más esencial?
3. ¿Qué problemas hay en los países que producen los refugiados?
4. ¿Qué tienen que hacer los refugiados cuando llegan a un nuevo país?
5. Para usted, ¿cuál es la diferencia entre **país** y **patria**?
6. ¿Qué opina usted de la política canadiense de tener dos lenguas oficiales (el inglés y el francés)? ¿Cree usted que Estados Unidos debe hacer esto con el español, o no? ¿Por qué?
7. En su opinión, ¿de qué depende el éxito en nuestra sociedad?
8. ¿Qué cosas o situaciones le dan lástima a usted?

Invención de frases

Invente oraciones originales, combinando palabras y frases de cada columna.

MODELO **El refugiado obtuvo un trabajo en el aeropuerto.**

Se puede hacer las oraciones más interesantes y largas, usando más elementos.

MODELO **El refugiado obtuvo un trabajo y una esposa en el aeropuerto el primer día, y después de unas semanas tuvo muchos problemas.**

el refugiado	rechazar	familia	en el aeropuerto
	perder	miedo	con grandes dificultades
	buscar	país	con toda su alma
	experimentar	trabajo	rico/a / pobre
	tener	comida	en la ciudad
	obtener	ayuda	fácilmente
	aceptar	casa	después de unas semanas
	mirar	esposa	el primer día
	necesitar	libertad	con urgencia
	abandonar	problemas	en la calle
	extrañar	dinero	por motivos religiosos / económicos / políticos

Comparaciones

Compare las oraciones de todos los estudiantes de la clase y busque 1) la más larga, 2) la más interesante, 3) la más cómica.

Actividad en grupo Los refugiados

Trabajen en grupos de tres o cuatro personas. Alternando turnos, cada estudiante debe hacerles a los otros una de las preguntas. Después de unos minutos, usted debe estar preparado/a para informarle a la clase sobre las opiniones de su grupo.

1. ¿Crees que hay más o menos discriminación en el mundo de hoy que en la época de nuestros bisabuelos? ¿Por qué?
2. ¿Cómo eres tú — monolingüe, bilingüe o multilingüe? ¿y tus padres? ¿Es una ventaja ser bilingüe en nuestra cultura o no? ¿Por qué?
3. Para ti, ¿cuál es la diferencia entre un rico y un pobre? Y tú, ¿eres rico/a o pobre? Explica.
4. En tu opinión, ¿cuál es más importante, la libertad o la seguridad? ¿Por qué?

Los refugiados en el mundo de hoy

Los refugiados en la historia

Se calcula que hay 20 millones de refugiados en el mundo de hoy. Pero en realidad el problema es antiguo. La Biblia describe las dificultades de los judíos, que tuvieron que salir de Egipto en el siglo XIII a.d.C.

En tiempos más modernos, los abuelos, bisabuelos o tatarabuelos de muchos norteamericanos eran refugiados, porque salieron de países donde había guerra o persecución. Sin embargo, fue solamente en 1921, después de la Primera Guerra Mundial, que se reconoció por primera vez al refugiado como una clase de persona especial que necesita ayuda internacional. La Liga de Naciones nombró a un Comisario para la Ayuda de Refugiados para buscar casa, comida y un nuevo país para millones de personas.

Un problema universal

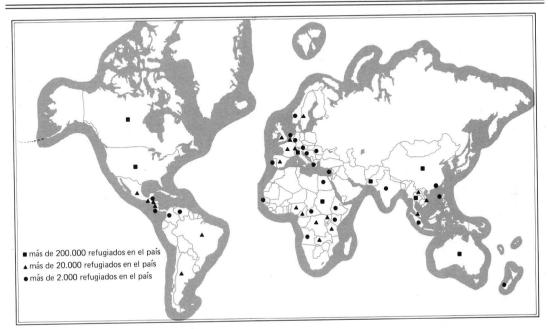

- ■ más de 200.000 refugiados en el país
- ▲ más de 20.000 refugiados en el país
- ● más de 2.000 refugiados en el país

En tiempos pasados los refugiados salían de su patria casi siempre por motivos religiosos. Hoy las razones son más variadas e incluyen discriminación racial, religiosa y política. En los años 60, 70 y 80 hubo grandes movimientos de personas en casi todos los continentes. Entre las víctimas había grupos muy diferentes: los chinos y los hmong de Viet Nam, los ibo de Nigeria, los judíos de la Unión Soviética, los palestinos de Israel y muchos otros. Había refugiados de países comunistas como Polonia y Cuba, y otros de países capitalistas como Argentina y El Salvador.

Entre el miedo y la miseria

La gran mayoría de los refugiados recientes no llegaron a una nación rica. Salieron de un país pobre y entraron en otro país pobre. Naturalmente, el país que los recibía tuvo muchas dificultades, pues la necesidad de darles comida, casa, agua, ropa y medicamentos a los refugiados quería decir a veces que sus propios ciudadanos tenían que recibir menos. Ahora,

en algunos países del Tercer Mundo, hay grandes concentraciones de refugiados que viven en malas condiciones en campamentos que a veces parecen prisiones.

Los refugiados en Canadá y Estados Unidos

Tradicionalmente, Estados Unidos y Canadá figuran entre los países más generosos para recibir refugiados. Sin embargo, hay una diferencia en sus políticas al respecto. Canadá generalmente acepta a refugiados de todas partes del mundo sin grandes distinciones; Estados Unidos, por otra parte, hasta 1980 recibía casi exclusivamente a los refugiados de países comunistas. Para obtener la clasificación de refugiado según la ley de 1969, era necesario ser o de un país comunista o del Medio Oriente. En 1980 se firmó el Acto de Refugiados. Esta ley emplea la definición de un refugiado usada por las Naciones Unidas: «una persona de cualquier parte del mundo que no puede o no quiere volver a su patria a causa de un miedo bien justificado de sufrir persecución por su raza, religión, nacionalidad, grupo social u opinión política».

Y ahora, ¿hay menos compasión?

A fines de los 80, en los países ricos se empezó a notar un cambio con respecto a la aceptación de refugiados. En muchos países se redujeron las cuotas. Ciertos escritores lo explican como «una disminución de la compasión» o como una reacción a la crisis económica. Algunos lo relacionan con la «paranoia» acerca del SIDA.* Hoy día es un tema polémico. En varios países, como Estados Unidos y Suiza, el movimiento Santuario, promovido por las iglesias, ayuda a grandes números de refugiados, a veces ilegalmente. A mucha gente le da lástima la situación de los refugiados, y ellos creen que las naciones ricas deben abrirles sus puertas.

Comprensión de la lectura

Llene los blancos con palabras o frases apropiadas.

1. Los abuelos, _____ o tatarabuelos de muchos norteamericanos eran refugiados porque _____ de países donde _____.
2. En los años 60, 70 y 80 había muchos refugiados de países _____ y otros muchos de países _____.
3. La gran mayoría de estos salieron de _____ y llegaron a _____.
4. Muchos refugiados viven durante generaciones en campamentos que parecen _____.
5. El Acto de Refugiados de 1980 en Estados Unidos define a un refugiado como una persona de _____ que no puede o no quiere _____ a causa de _____.

Preguntas

1. ¿Qué referencia hay en la Biblia cristiana a los refugiados?
2. ¿De dónde vinieron los abuelos de usted? ¿y sus bisabuelos? ¿y sus tatarabuelos? ¿Cree usted que algunos de ellos eran refugiados?
3. ¿Por qué podemos hablar hoy de la situación de los refugiados como un problema universal?
4. ¿Qué dificultades tienen los refugiados? ¿Qué dificultades tienen la mayoría de los países que los reciben?
5. ¿Qué diferencia había antes entre la política norteamericana y la canadiense con respecto a los refugiados? ¿Cómo cambió la definición de un refugiado en Estados Unidos en 1980?
6. ¿Cuándo hubo reducciones de las cuotas para refugiados en los países ricos? ¿Cómo explican esta nueva actitud algunos escritores? ¿Cómo la explica usted?
7. ¿Hay refugiados en la ciudad donde vive usted? ¿De dónde son? ¿Cree usted que están bien adaptados a su nueva sociedad o no? ¿Por qué?

Opiniones

1. ¿Qué piensa usted de los grupos como Santuario que ayudan a los refugiados aun cuando está prohibido por la ley?

*Enfermedad que en inglés se llama *AIDS*.

2. Imagínese que usted tiene que decidir cuál de las siguientes personas debe ser aceptada como refugiado/a a Estados Unidos o Canadá. En su opinión, ¿cuál se debe escoger? ¿Por qué?

a. Un hombre búlgaro, de veintiocho años, que estuvo en prisión cuatro años por haber participado en un movimiento a favor de la democracia.

b. Una mujer salvadoreña de cuarenta años que fue torturada por la policía.

c. Un niño camboyano de ocho años que vive en un campamento en Hong Kong y no tiene padres (porque se murieron).

d. Una niña de trece años de raza mixta, hija de un ex-soldado norteamericano que estuvo en Viet Nam.

Gramática: ¿PRETÉRITO O IMPERFECTO?

Elija la forma correcta — el pretérito o el imperfecto — para cada frase. Aquí tiene algunas indicaciones sobre el uso de los dos tiempos.

GUIDELINES FOR THE USE OF THE PRETERITE AND IMPERFECT

1. To express an action in the past that is thought of as a completed action or as one that occurred suddenly or in one specific moment, use the *preterite*.

2. To express an extended, often repeated, or habitual action in the past, use the *imperfect*. If you can put *used to* or *would* in the English translation (for repeated action) or *was* or *were** with an *-ing* form of the verb (for action extended over a period of time), use the *imperfect*.

3. To describe states, conditions, or emotions thought of as finished and complete or as happening suddenly at one point in time, use the *preterite*.

4. To describe states, conditions, or emotions thought of as extending over a vague or indefinite period of time, use the *imperfect*. This is more often the case with conditions and emotions, and so the *imperfect* is more frequently used when describing things or expressing emotion.

*Sometimes other auxiliary verbs — such as *kept, kept on,* or *continued* — are used. See numbers 1 and 2 of the **Gramática** exercise on page 75 for examples.

---

1. En 1921 se (reconoció / reconocía) por primera vez al refugiado como una clase de persona especial que (necesitó / necesitaba) ayuda internacional.

2. La Liga de Naciones (nombró / nombraba) a un Comisario para la Ayuda de Refugiados.

3. En tiempos pasados los refugiados (salían / salieron) de su patria casi siempre por motivos religiosos.

4. Entre las víctimas había varios grupos que (fueron / eran) minorías y que (sufrieron / sufrían) discriminación.

5. Cientos de miles de cubanos que (estuvieron / estaban) descontentos con el gobierno comunista de Fidel Castro (llegaron / llegaban) en los 60.

6. Esta situación (cambió / cambiaba) cuando se (firmó / firmaba) el Acto de Refugiados el 17 de marzo de 1980.

Entrevista 1: Con Graciela Valdarrama, una chilena de Edmonton

Anticipación

Imagine that you had lived in a democratic country all your life and that suddenly the government changed, soldiers entered your house to search it at different times of the day and night, your job was taken away, and all your friends and family began to avoid you. Where would you go to escape from this nightmare? Could you make a new life? The following interview presents the story of Graciela, a Chilean who escaped from her country after the military coup of 1971 and was granted asylum in western Canada. Examine the list of key words and phrases before reading, and learn the meanings.

Palabras y expresiones claves

la cárcel (la prisión)	la traición
el partido (político) del gobierno	no valer nada
el golpe militar (el golpe de estado)	

Entrevista 1: Con Graciela Valdarrama, una chilena de Edmonton

Llanca Letelier Montenegro

— ¿Por qué saliste de Chile?

— Yo no tuve otra opción que irme o la cárcel. Yo pertenecía a° un partido del gobierno de Allende* y cuando el golpe militar se llevó a efecto, fui destituida.° La parte más
5 humillante fue el día en que se me comunicó la decisión. Tuve que dejar mi oficina en diez minutos (yo estaba a cargo° de una oficina regional) y en la puerta en presencia del resto del personal fui registrada° «minuciosamente» por soldados.

10 — ¿Tuviste otros problemas a causa del cambio de gobierno?

— Los soldados registraban mi casa a diversas horas del día o de la noche. Siempre me informaban cortésmente que

pertenecía... era miembro de
echada del trabajo

estaba... tenía responsabilidad
searched

---

*Salvador Allende era el presidente de Chile, elegido democráticamente, y también el jefe del partido socialista. En 1971 un golpe de estado lo derrumbó y se estableció un gobierno militar.

Algunas iglesias de los Estados Unidos han ayudado a refugiados ilegales como éstos de El Salvador, quienes se tapan la cara por miedo de ser identificados. Mucha gente siente un conflicto entre el mensaje cristiano y la política de su país.

«Son órdenes. Lo siento».° Mi marido fue buscado y acu-
15 sado de «traición» y tuvo que huir° a Argentina.

— ¿Cómo llegaste a Canadá?
— La situación en Chile se hizo° imposible. No tenía trabajo. La gente tenía miedo de hacer contacto conmigo. Estaba
aislada.° Finalmente, pude salir de Chile y fui a Argentina,
20 donde mi marido° me esperaba. Allí estuvimos un rato,°
tratando de encontrar algún país que nos quisiera° recibir.
Finalmente, fuimos aceptados por Canadá.

— ¿Cómo fue la llegada a Canadá?
— Cuando llegamos a Canadá, teníamos mucho miedo.
25 Nuestro mayor problema, además del idioma, fue que toda
nuestra preparación académica no valía nada. Aun ahora,
después de siete años en este país, yo trabajo como técnica
en un laboratorio con un sueldo° realmente bajo, y en Chile
yo era ingeniera agrónoma.° Mi marido también trabaja y
30 tiene un sueldo inferior a $1.800 (canadienses) por mes,
que para una familia de cinco no es suficiente.

— ¿Es diferente la sociedad canadiense de la chilena?
— En ciertas cosas, sí. La amistad es un poco más «fría»
pero más honesta. En lo que respecta a la familia, en Chile
35 teníamos la familia extensa. Tu familia era la prima de tu
prima, y los sobrinos° de tu tía abuela° tanto como tus parientes inmediatos. Cuando tía Pepa quedaba viuda, alguien de la familia se la llevaba a vivir en su casa. Todos
nos conocíamos. Aquí las familias no son tan unidas.

40 — ¿Qué te gusta en Canadá?
— Me encanta la dinámica de la burocracia, como también
la aparente falta° de corrupción en la administración pública.

Lo... *I'm sorry*
escaparse

se... *became*

separada de todos
esposo / período de tiempo
que... *that might want us*

salario
de agronomía

nephews / **tía...** la hermana de tu
abuela

ausencia

— ¿Qué extrañas de Chile?

— Muchas cosas. Extraño las presentaciones teatrales, el
45 cine° más variado. Las reuniones familiares, el diario contacto con amigos a la hora de almuerzo,° la diaria reunión
del café...

    Soñé° que el gobierno de mi país cambiaba y nosotros
volvíamos. Todo era diferente pero aun así era mejor que
50 estar acá. Pues, en alguna forma éramos más «personas» allá.

movies

lunch

I dreamed

Preguntas

1. ¿Qué trabajo tenía Graciela en Chile?

2. ¿Qué problemas tuvo después del golpe militar? ¿Por qué?

3. ¿Cuál de estos problemas le parece a usted el más serio? ¿Por qué?

4. ¿Qué le pasó al esposo de Graciela?

5. ¿Por qué no ayudaron a Graciela sus amigos y parientes?

6. ¿Por qué cree usted que Graciela tenía miedo cuando llegó a Canadá? Luego, ¿qué dificultades tuvo allí?

7. ¿Qué aspectos de la vida canadiense le gustan?

8. ¿Qué extraña Graciela de su patria?

En palabras sencillas

En palabras sencillas, explique usted los siguientes puntos del artículo:

1. Las diferencias que Graciela ve entre la amistad en Canadá y la amistad en Chile

2. Las diferencias que ella ve entre el concepto de la familia en los dos países

Opiniones

¿Cómo interpreta usted el sueño que tuvo Graciela?

Entrevista 2: Con Filiberto Alfredo López, un cubano de Boston

Anticipación

How long could you survive on one dollar a day? What would you do if all your preparation and work experience had been in the academic field and suddenly you found yourself in a new culture where a different language was spoken? These are some of the experiences of Filiberto, an educator who left his native Cuba after Fidel Castro came to power, seeking the "air of liberty." Study the list of key words and expressions before reading the interview in which Filiberto tells his story. Can you use the roots inside the longer words to guess their meanings?

Palabras y expresiones claves

información anti-revolucionaria
los encarcelamientos (Notice **cárcel** — from the last
   selection.)
los fusilamientos (Notice **fusil** — which means *gun*.)
estar aclimatado (Notice **clima**.)
jubilarse

Entrevista 2: Con Filiberto Alfredo López,
un cubano de Boston

Ana Alomá Velilla

— ¿Qué hacías en Cuba antes de venir?
— Era director del Instituto Nacional de Educación Física
y trabajaba simultáneamente en la Universidad de La Habana.

5   — ¿Qué situación tenías una vez que° el gobierno revolucionario tomó posesión de la autoridad?*
— Inmediatamente se notó una falta de libertad académica. Empezaron a decirme que una buena parte de la información que yo daba era anti-revolucionaria y que no
10 ayudaba al nuevo régimen.° Poco a poco me fueron ce-
rrando° el círculo.

  — ¿Cuándo decidiste marcharte° de Cuba?
— Un director del nuevo gobierno me vino a ver para pro-
ponerme ir a estudiar seis meses en Checoeslovaquia y seis
15 meses en Leningrado. Pedí° tres días para decidir. Consulté
con mi familia y mis amigos. La respuesta° fue negativa. El
director me dijo que eso era traición a la Revolución. Me
iban a permitir recibir la promoción presente — dijo —
pero «tenemos que evaluar su futura posición». Desde ese
20 momento, sabía que tenía que abandonar a Cuba.
    Además, los encarcelamientos, los Tribunales Revolucio-
narios que no se podían apelar° y los fusilamientos diarios
hacían la vida de una persona que no apoyara° al gobierno
totalmente imposible.

una... *once*

gobierno
closing

salir

I requested
answer

appeal
que... *who didn't support*

**En 1959 la dictadura de Batista fue derrumbada por una revolución. Un
poco después Fidel Castro subió al poder, y más tarde se declaró comunista.*

25 — ¿Cuándo viniste?

— En junio 5 de 1961. Y fue una situación difícil porque dejaba a mi esposa e hijos detrás. Salí muy temprano, en el primer vuelo° de la mañana.

salida del avión

— ¿Cómo te sentiste° cuando llegaste aquí?

te... *did you feel*

30 — Liberado de la presión que estaba experimentando en los últimos tiempos y disfrutando° de los aires de libertad.

gozando

— ¿Tuviste problemas económicos?

— Bastante serios. Viví varias semanas a base de un dólar diario que una hija que tenía en Miami me podía dar.
35 Vivía en casa de unos españoles que me daban la cama° y un vaso° de leche diario por esa cantidad. Empecé a luchar.° Me alimentaba con comidas que daban las iglesias, especialmente con la ayuda de un pastor luterano. Casi dos meses estuve así.

bed
glass
combatir

40 — ¿Qué pasó después?

— Bueno, pues a los seis u ocho meses pude traer a mi esposa y mi otra hija. Para entonces° estaba trabajando en los parques de recreación de Miami. Empecé a moverme hacia las labores académicas otra vez. Tomé un curso en la uni-
45 versidad. Después tomé cursos de enseñanza de español en un *college*.

Para... En aquella época

El barrio cubano en Miami.

— ¿Sentías nostalgia de Cuba?

— Mucho, especialmente en el primer año.

— ¿Qué hiciste después?

50 — Trabajé dos años como ayudante al profesor en varias escuelas. Decidimos irnos para Boston, donde teníamos familia, y cuando llegué a esta ciudad trabajé como pintor de brocha gorda° por dos años, hasta que me relacioné de nuevo con los medios educacionales. Trabajé como *lecturer* 55 en la universidad por dos años y después conseguí° una plaza° de profesor de español en una secundaria, donde trabajé hasta mi jubilación.°

        pintor... (house or wall) *painter*

        obtuve
        empleo
        retirement

— ¿Cómo te sientes ahora?

— Estoy aclimatado. Me jubilé hace dos años° y ahora es-
60 toy haciendo política.

        hace... *two years ago*

Preguntas

1. ¿Qué trabajo tenía Filiberto en Cuba?
2. ¿Qué problemas tuvo después de la revolución de 1959?
3. ¿Por qué decidió irse? ¿Por qué fue muy difícil su decisión?
4. ¿Cómo se sintió Filiberto cuando llegó a Estados Unidos?
5. Al principio, ¿cómo vivía en su nuevo país? ¿Cree usted que hay gente que vive en condiciones como éstas en Estados Unidos ahora o no? ¿Por qué?
6. ¿Cuándo logró traer Filiberto a su esposa y su hija? ¿Dónde trabajaba entonces?
7. ¿Qué otros trabajos tuvo después hasta su jubilación?
8. ¿Cómo se siente ahora?

Interpretación del texto

Explique usted qué quiere decir Filiberto con las siguientes frases tomadas de su entrevista:

1. «Poco a poco me fueron cerrando el círculo». (línea 10)
2. «Empecé a luchar». (línea 35)

Opiniones

¿Qué piensa usted de la respuesta negativa de Filiberto al director del nuevo gobierno? En su opinión, ¿por qué no aceptó la oportunidad de estudiar en otros países?

Comparación de las dos entrevistas

1. ¿Qué diferencias hay entre la situación de Graciela en Chile, 1971, y la situación de Filiberto en Cuba, 1959?
2. ¿En qué sentido son similares las dos situaciones?
3. En su opinión, ¿cuál de los dos sufrió más? ¿Por qué?

Composición dirigida

Imagine que usted es un/a abogado/a que representa a Graciela o a Filiberto. Escriba un informe (de seis a nueve oraciones) para los oficiales de la inmigración: 1. Describa a la persona y su situación (en dos o tres oraciones). 2. Diga por qué esta persona salió de su país (en dos o tres oraciones). 3. Finalmente, explique cómo la definición de un refugiado usada por las Naciones Unidas (página 60) le corresponde a esta persona (dos o tres oraciones).

La adaptación psicológica de refugiados latinoamericanos

Anticipación

"Culture shock," "honeymoon stage," "identity conflict" — these are just a few of the descriptions used by Ana María Fantino, a Canadian psychologist originally from Argentina, who specializes in the counseling of refugees and immigrants. The following article is based on her in-depth interviews with over fifty Latin American refugees who came to live in Europe and Canada.

Study the list of key words and expressions before beginning the article. Notice that four of these words begin with **es** (or **ex**) followed by a consonant. Usually these will correspond to *s* followed by a consonant in English: **estudio** = *study;* **español** = *Spanish;* **esquema** = *scheme* (*outline*); etc. Can you guess the meanings? What relationship do you think exists between **extraño** and **extrañar**?

Palabras y expresiones claves

las cuatro etapas	**extraño**
estímulo	**el choque cultural**
extrañamiento	**la luna de miel**
espacio	**crecer** (To guess this near cognate, imagine the prefix **in-** at the beginning.)

La adaptación psicológica de refugiados latinoamericanos

Ana María Fantino

La adaptación de los refugiados a la cultura del nuevo país pasa generalmente por etapas. El siguiente artículo describe cuatro etapas con referencia a la experiencia de más de cincuenta refugiados chilenos, mexicanos, argentinos, brasileños y uruguayos en Europa y Canadá.

Primera etapa: La llegada

Cuando estos refugiados llegaron al país de destino, miles de nuevos estímulos reclamaban° su atención. Estos estímulos, unidos al° impacto emocional de salir de su patria, muchas veces producían un sentimiento de total confusión y extrañamiento.

llamaban

unidos... combinados con el

El temor a lo desconocido era otra constante en esta situación inicial. Uno de los refugiados lo explicó así:

— Yo andaba° por las calles con mucho miedo, me acuerdo° que miraba las luces, los letreros,° no entendía nada...

used to walk

me... I remember / signs

La continuidad de tiempo y espacio, uno de los elementos básicos de la identidad personal, parecía quebrada.°

shattered

— Cuando yo llegué a esta ciudad, me sentí ahogada,° una ciudad enormemente extendida como muchas de las americanas, con casas que parecían todas iguales,° por cuadras° y cuadras, autopistas° y supermercados gigantes. Yo buscaba un «centro», como nosotros conocemos, y una plaza principal, con negocios° a la calle, con colores y ruido,° con gente que se encuentra° y lugares para tomar café; hoy todavía extraño esto.

suffocated, overwhelmed

idénticas / blocks
freeways

comercios / noise
se... meet

Este proceso de confusión y extrañamiento es esencia misma de lo que° algunos llaman «el choque cultural».

lo... what

Etapa 2: La «luna de miel»

Después de cierto tiempo (que generalmente variaba entre
25 seis meses y un año), muchos de los refugiados entraron en
una segunda etapa, que se puede llamar «la luna de miel»
con el nuevo país. Fue el momento en que comenzaron a
descubrir los aspectos positivos y agradables del nuevo
ambiente.

30 — Hay cosas que me gustaron desde el primer momento.
Cada vez° que iba a las oficinas públicas o a los bancos y
me atendían rápida y amablemente,° me sentía una persona
respetada, importante, y me acordaba de las interminables
colas° que yo hacía° en mi país.

Cada... *Each time*
con cortesía

lines / used to wait in

35 — ¡Qué maravilla tener buenas escuelas para mis hijos y
poder comprarme un auto grande y un lavaplatos°! Esto era
un sueño, «cosas de los gringos», para mí.

dishwasher

La posibilidad de comprar cosas y tener acceso a servicios públicos, especialmente a los de salud y educación, pa-
40 recía ser para muchos, ingrediente importante en la visión
positiva del país.

Para el refugiado, esta imagen del país era reforzada,°
además, por su propia sensación de alivio,° de estar vivo,
en un lugar seguro, lejos de las situaciones amenazantes.°

intensificada
relief
threatening

Pasó más tiempo. El refugiado tuvo muchas experiencias en su nuevo país, que ahora le parecía más familiar. Él conocía y podía prever,° ya,° gran parte de la conducta de los otros. La lengua comenzaba a ser un medio de comunica-
50 ción. Generalmente, estaba ocupado en alguna actividad que lo conectaba a la realidad social.

anticipar / ahora

Desde una mirada° externa, su adaptación a la nueva cultura parecía total.

view

Sin embargo, en las entrevistas, los refugiados expresa-
55 ban una sensación generalizada de insatisfacción, un conflicto de identidad. Había un sentimiento interno de quiebra° o pérdida° del sentido de la vida.

breaking apart / loss

—Yo sabía inglés y eso me daba una seguridad enorme. No me sentía sola porque tenía un grupo de compañeros exce-
60 lentes. Todo eso empezó a cambiar no sé muy bien cómo ni° por qué, pero yo empecé a sentirme insegura.

nor

Entre las «cosas» perdidas° estaba, a veces, el nombre, punto básico de la identidad. Es una experiencia desagradable escuchar el nombre de uno mil veces° repetido por vo-
65 ces extrañas que lo pronuncian de un modo irreconocible:

lost

mil... *a thousand times*

— Cada vez que digo mi nombre y veo la mirada vacía° del otro, siento como si él me borrara.° Estas pequeñas negaciones cotidianas de uno mismo° son como pequeñas muertes que uno sufre.

empty

como... *as if he were erasing me*

uno... *one's self*

70 — Quisiera° no tener que explicar siempre que Uruguay, mi país, no está en África, ni en Asia, sino° en América del Sur.

I would wish

but rather

Etapa 4: Crisis de identidad

Existen diferencias entre conflicto y crisis. El conflicto de
identidad era un proceso común a todos los refugiados ob-
75 servados. No obstante, la persona que pasaba por esta
etapa llevaba una vida normal.

Otra etapa era la de la crisis. Ésta se caracterizaba por la
imposibilidad de llevar una vida normal. Algunos de los refugiados entraron en un período de crisis de identidad.
80   Como en todas las crisis profundas, en ésta hay siempre
un riesgo,° un riesgo de la locura y de la muerte, pero la   *risk*
crisis también implica la posibilidad de crecer.
  Había ciertos individuos que salieron de la crisis por medio de una integración falsa. Un ejemplo es aquel° latino-   *that*
85 americano que después de algunos años se «transformó» en
norteamericano. Se olvidó de su lengua y cultura y adoptó
rígidamente los valores° del nuevo país. Ya no podía hablar   *values*
su propia lengua y no dominaba la extranjera°; a veces   de la otra cultura
mezclaba ambas.° No era un individuo bilingüe, sino semi-   las dos
90 lingüe. Su grupo de connacionales no lo aceptaba totalmente y la aceptación de los ciudadanos del nuevo país era
provisional.

Otro grupo consistía en los refugiados que de alguna manera lograron pasar por la crisis, crecer emocionalmente y
95 reorientar su vida en el nuevo país.

Cabe señalar° que no hay un estado ideal de biculturalismo, es decir, el equilibrio de dos culturas en un mismo individuo. En los refugiados que lograron adaptarse con éxito parecía más bien un proceso permanente, con retroce-
100 sos° y avances.

Cabe... Es necesario indicar

regressions

Comprensión de la lectura

Llene los blancos con una frase o palabra apropiada para completar el resumen del artículo.

El tema del artículo es la _____ psicológica de un grupo de _____ a la cultura de su nuevo país. Hay cuatro _____ diferentes. La primera fue la _____. La salida de su patria y los nuevos estímulos producían generalmente en el refugiado un sentimiento de _____. Otra constante de esta situación inicial era el _____ a lo desconocido. La segunda etapa era la «_____ _____ _____» con el nuevo país. El refugiado empezó a descubrir _____. Pasó más tiempo y el nuevo país ya le parecía más _____ al refugiado. Sin embargo, él pasó a la tercera etapa, que se llama el _____ _____ _____. El refugiado sentía que había muchas cosas _____, por ejemplo, a veces, su nombre. La cuarta era la de la _____ _____ _____. Las personas que estaban en esta etapa no podían llevar una vida _____. Sin embargo, algunos refugiados lograron _____ con éxito.

Preguntas

1. ¿Qué dificultades tenían los refugiados en la primera etapa de su adaptación?
2. ¿Qué es el «choque cultural»? ¿Sintió usted alguna vez un choque cultural, quizás cuando era turista?

3. ¿Por qué se llama «luna de miel» a la segunda etapa? ¿Qué aspectos de la nueva cultura les gustaron a los refugiados en esta etapa?
4. ¿Qué extrañaba la refugiada latinoamericana cuando andaba en una ciudad norteamericana? Según su opinión, ¿son realmente importantes estas cosas o no?
5. ¿Qué problema tenía el refugiado de Uruguay? ¿Cree usted que ése es un problema común? ¿Por qué?
6. ¿Por qué no era buena la adaptación del latinoamericano que se «transformó» en norteamericano?

Gramática: ¿PRETÉRITO O IMPERFECTO?

Llene los blancos con la forma correcta — pretérito o imperfecto — del verbo indicado. Las oraciones son citas directas de los refugiados, tomadas del artículo.

1. (*I kept walking*) _____ por las calles con mucho miedo, me acuerdo que (*I was looking at*) _____ las luces, los letreros, (*I didn't understand*) _____ nada...
2. Cuando (*I arrived*) _____ a esta ciudad, (*I felt — in the sense of suddenly getting the feeling at the moment of arrival*) me _____ ahogada, una ciudad enormemente extendida como muchas de las americanas, con casas que (*seemed*) _____ todas iguales... (*I kept searching for*) _____ un «centro», como nosotros conocemos, y una plaza principal, con negocios a la calle, con colores y ruido...
3. Hay cosas que (*I liked*) me _____ desde el primer momento. Cada vez que iba a las oficinas públicas... y me atendían rápida y amablemente... me acordaba de las interminables colas que (*I used to wait in — use the verb* **hacer**) _____ en mi país.

Vocabulario: ANTÓNIMOS

Escriba antónimos (que aparecen en el artículo) para las siguientes palabras. La primera respuesta aparece como modelo.

1. ventaja   **desventaja** _____
2. agradable   _____
3. seguro/a   _____
4. posibilidad   _____
5. conocido/a   _____
6. contento/a   _____
7. satisfacción   _____
8. reconocible   _____

Opiniones

1. ¿Cree usted que un/a refugiado/a que tiene un nombre muy diferente debe cambiarlo por un nombre más «normal»? Por ejemplo, ¿qué debe hacer un chico que vive en Estados Unidos y se llama Ángel o Jesús? ¿una chica llamada Refugio o Rosario? ¿Por qué?
2. ¿Qué piensa usted de los programas bilingües en Estados Unidos? ¿Está bien o mal gastar dinero en estos programas? Explique.

¿Qué están pensando? ¿Qué están diciendo?

Mire las cuatro ilustraciones (fotos y dibujos) tomados del capítulo. Invente frases apropiadas para cada persona indicada para mostrar lo que él o ella está pensando o diciendo. Use palabras y expresiones de la Lista de vocabulario.

LISTA DE VOCABULARIO

aceptar	compasión	gobierno	patria
adaptación	comunista	guerra	persecución
adaptado/a	crecer	identidad	pobre
agua	cualquier(a)	justo/a	política
ambiente	dejar (atrás)	lengua	propio/a
antiguo/a	descontento/a	ley	raza
bilingüe	dificultad	libertad	rechazar
bisabuelo/a	discriminación	lograr	rico/a
buscar	emplear	llegar	ropa
calle	escuchar	mayoría	seguridad
campamento	éxito	medicamento	seguro/a
capitalista	experiencia	minoría	tatarabuelo/a
cárcel	experimentar	mirar	traición
ciudad	extrañar	mostrar	volver
ciudadano/a	extraño/a	país	

Modismos y expresiones

a fines de	luna de miel	me gusta / me gustan	sin embargo
a veces	me da lástima,	no valer nada	tener éxito
choque cultural	¡Qué lástima!		

CAPÍTULO CINCO

El mundo del futuro

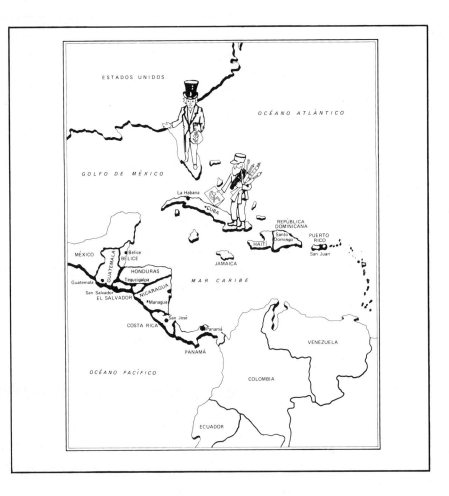

The Future and Conditional Tenses

Presentación de vocabulario

EL FUTURO

Aprenda usted estas palabras importantes relacionadas con el tema del capítulo. Los cognados y casi cognados no están traducidos al inglés. (Si usted tiene dudas respecto a alguna palabra, puede consultar el Vocabulario al final del libro.)

La política y los gobiernos

el candidato / la candidata		**militar; el militar**	military; soldier
elegir (i)	to elect; to choose	**elegido/a**	
las elecciones		**la oposición**	
apoyar	to support, give aid to	**votar (por)**	
el régimen		**gobernado/a**	
democrático/a		**totalitario/a**	
el dictador		**la dictadura**	dictatorship
represivo/a		**la represión**	
el acuerdo, el pacto	agreement	**la protesta**	
la guerrilla		**el guerrillero / la guerrillera**	
intervenir (ie, i)		**la intervención**	
manipular		**imponer**	to impose

UN COGNADO CON UN USO DIFERENTE

The cognate **guerrilla** is of Spanish origin, but it is used in slightly different ways in English and Spanish. The word is the diminutive of the Spanish word for war (**guerra**), and so its original meaning is *little war*. It entered the English language in the nineteenth century when the English were in Spain fighting against the troops allied with Napoleon. It was used to describe the style of fighting of the small bands of Spaniards who made surprise raids or ambushes and then fled back into the mountains. With time the word became part of the English language, referring to the individual fighters. In Spanish, the *group* of people fighting in this style is called **la guerrilla**. An individual fighter is **un guerrillero**, and the type of fighting, *guerrilla warfare*, is called **guerra de guerrillas**.

La economía

avanzar		**el desarrollo**	development
establecer (zc)		**el establecimiento**	
mejorar	to improve	**la mejora**	improvement
subir	to rise; to go up	**bajar**	to decline; to go down
el poder	power	**poderoso/a**	powerful
la riqueza	wealth	**la pobreza**	poverty
el pueblo	the people (*of a nation or group*), the "common people"	**el nivel de salud (de instrucción)**	level of health (of education)

La marcha del tiempo

mañana	tomorrow		**la tendencia**	
el adelanto	advancement		**el siglo**	century
la predicción			**permanecer (zc)**	to remain
la catástrofe			**catastrófico/a**	
el desastre			**desastroso/a**	
cumplirse	to be fulfilled			

actual; actualmente (*deceptive cognate*) present; currently

Otras palabras

aburrido/a	bored, boring		**el aburrimiento**	boredom
la desaparición	disappearance		**la pastilla**	pill
la disputa			**el robot**	
favorecer (zc)			**la semilla**	seed
funcionar	to work (*to function*)		**el vecino/la vecina**	neighbor

Modismos

a larga distancia	long-distance
Desde luego.	Of course.
¡Dios mío!	My goodness!
hacia el norte (el sur, el este, el oeste)	toward the north (south, east, west)
países en desarrollo	developing countries
tomar medidas	to take measures

COSTUMBRES Y CULTURA: EL NOMBRE DE DIOS

En los países hispanos, la gente suele usar el nombre de Dios con frecuencia para expresar sus emociones. Esta práctica no indica ninguna falta de respeto y no suena rudo ni fuerte como su equivalente en inglés. Las expresiones «¡Dios mío!» y «¡Jesús!» son muy comunes. Si alguien estornuda, se dice «Jesús» la primera vez, y, si sigue, «María» la segunda vez y «José» después del tercer estornudo. También, a diferencia de la cultura anglosajona, hay muchos hispanos que nombran a su hijo Jesús, con el apodo de «Jesusito», y hay niñas también que se llaman Jesusa.

Práctica de vocabulario

Antónimos

Busque en las listas un antónimo (o un casi antónimo, una palabra con un significado muy opuesto) para las siguientes palabras.

1. cambiar _____

2. democrático _____

3. riqueza _____

4. interesado _____

5. éxito _____

6. libertad _____

7. convencer   _____   **10.** ayer   _____
8. presidente   _____   **11.** bajar   _____
9. destruir   _____

Definiciones políticas

Seleccione la definición apropiada (de la segunda columna) para las palabras indicadas.

1. la oposición   _____ una persona que hace muchas promesas que después de las elecciones no se cumplen

2. las elecciones   _____ una forma de gobierno tiránica, generalmente apoyada por los militares

3. el acuerdo   _____ un grupo de personas que luchan en contra del régimen establecido, usando ataques de sorpresa

4. el candidato   _____ la oportunidad de usar el derecho democrático de votar

5. la guerrilla   _____ una resolución adoptada por varias personas, naciones o grupos

6. la dictadura   _____ el partido o grupo de partidos que no están en el poder actualmente, pero que tienen cierta influencia sobre el pueblo

Información y opiniones

1. ¿En qué países del mundo hay dictaduras actualmente? ¿Cómo se llaman algunos de los dictadores que gobiernan ahora?
2. ¿Conoce usted algunas predicciones famosas sobre el futuro? ¿Quién las hizo? ¿Cree usted que se cumplirán?
3. ¿Qué predicciones se hacen ahora sobre la economía nacional? ¿Va a mejorar o no?
4. ¿Cree usted que se eliminarán las armas nucleares antes del año 2000 o no? ¿Por qué?
5. En su opinión, ¿qué significa este dibujo del famoso dibujante español Olí?

Asociaciones de palabras

Repase usted las listas de vocabulario de este capítulo y del capítulo 4. ¿Qué palabras asocia usted con... ?

1. un gobierno totalitario
2. una democracia
3. los países en desarrollo
4. el siglo XXI

Actividad en grupo Tu contacto con un OVNI*

Trabajen en grupos de tres o cuatro personas. Alternando turnos, cada estudiante debe leer en voz alta una frase de la *Situación imaginada*. Luego, todos contestarán las preguntas. Después de unos minutos, usted debe estar preparado/a para informarle a la clase sobre las opiniones de su grupo.

Situación imaginada: Tu contacto con un OVNI

Un día ocurre una cosa increíble, casi imposible. Tú estás solo/a en una remota sección de las montañas. Tú miras hacia el norte y, ¡qué sorpresa!, ves un objeto enorme, muy redondo. «¡Dios mío!» — tú piensas — . «¡Ése es un OVNI!» Se abre una puerta y sale un robot que te da un papel con estas palabras:

Saludos cariñosos del planeta $\Phi\delta\pi\Sigma$. Somos de una civilización muy avanzada y deseamos ayudar a los seres humanos porque somos buenos y generosos. Primero, necesitamos un poco de información: a) ¿Cómo se llaman los políticos más importantes de este planeta? y b) ¿Qué país es el más avanzado en tecnología? ¿Podría usted escribirnos esta información y dejarla aquí? Yo volveré mañana a la misma hora para recibirla.

MUCHAS GRACIAS...

Tú tienes miedo y empiezas a escribir porque sabes que te observan desde el OVNI:
a. ¿Qué harías tú? ¿Le darías al robot información verdadera o falsa? ¿Por qué? **b.** ¿Qué le escribirías para la pregunta *a*? ¿para la pregunta *b*? **c.** En tu opinión, ¿cómo terminará la historia? ¿Qué harán los seres del otro planeta? **d.** Realmente, ¿eres optimista o pesimista sobre la posibilidad del contacto con seres de otro planeta? Explica.

*OVNI = *Objeto Volador No Identificado*

¿Cómo será el futuro político de Latinoamérica?

Hoy es el mañana* de ayer. El año 1984, descrito en el famoso libro de ciencia ficción de George Orwell, ahora es parte del pasado. El autor inglés escribió su novela *1984* en 1948; en ella, presentó una visión terrorífica de cómo sería el mundo en 1984: un mundo dominado por un gobierno totalitario con control sobre todos los seres humanos. Ahora, a principios de los 90, es un buen momento para pensar en la situación de Latinoamérica, una región caracterizada históricamente por la presencia de gobiernos represivos. Podemos preguntar: ¿cúal es la realidad política en Latinoamérica ahora? ¿Cómo será su futuro? ¿Se cumplirán allí las horribles predicciones de Orwell?

Una escena de la película basada en la novela *1984*.

*Es interesante notar que la palabra **mañana** es masculina (**el mañana**) cuando quiere decir *tomorrow* y femenina (**la mañana**) cuando quiere decir *morning*.

La situación política parece mejor ahora que hace quince años. En los años 70, los tres países del Cono Sur — Argentina, Uruguay y Chile — eran gobernados por juntas militares muy represivas. Había tortura, desapariciones y represión de toda oposición política. En los años 80 se produjo un cambio. Primero Argentina y luego Uruguay volvieron a la democracia. Sólo el gobierno militar de Chile quedaba. Pero en 1988, el dictador Pinochet fue rechazado por el pueblo chileno en un plebiscito nacional, y prometió que habría elecciones en 1989. ¿Podrá establecerse otra vez el sistema democrático después de diecisiete años de dictadura? Nuestra predicción es que sí: Chile volverá a la democracia, y los tres países del Cono Sur continuarán como democracias hasta fines del siglo.

Paraguay

Itaipú, la represa hidroeléctrica más grande del mundo, está en Paraguay.

Aislada en el centro del continente está una nación muy pobre: Paraguay. Durante más de treinta y cinco años Paraguay permaneció bajo el control del general Stroessner, el más antiguo de los dictadores, ayudado por su ejército y por Estados Unidos. Luego, en 1989, hubo un golpe militar, y el general Rodríguez subió al poder. Declaró elecciones en seguida y fue elegido presidente. El nuevo jefe promete que habrá democracia. Ya veremos si él cumple con sus promesas.

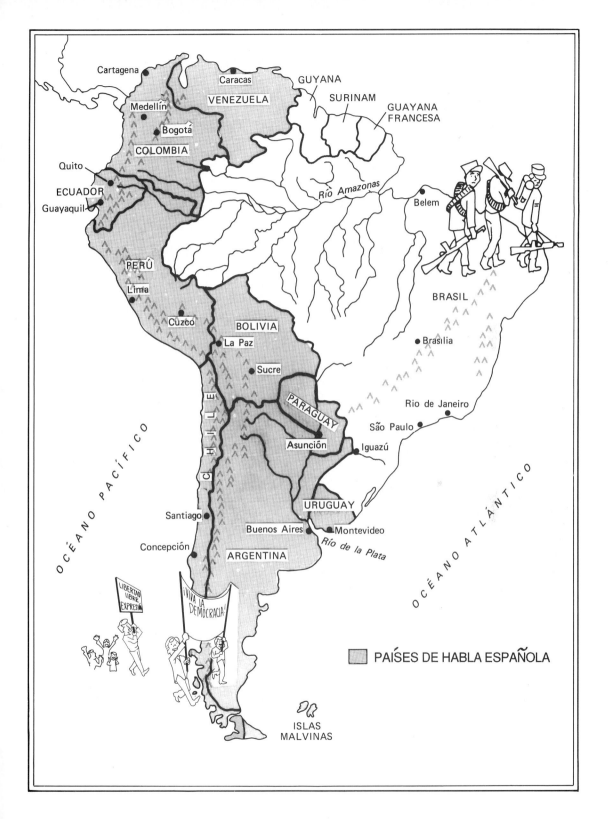

PAÍSES DE HABLA ESPAÑOLA

ESTADOS UNIDOS

OCÉANO ATLÁNTICO

GOLFO DE MÉXICO

La Habana

CUBA

REPÚBLICA
DOMINICANA

Santo
Domingo

PUERTO
RICO

HAITÍ

San Juan

MÉXICO

Belice
BELICE

GUATEMALA

JAMAICA

Guatemala

HONDURAS

Tegucigalpa

MAR CARIBE

San Salvador
EL SALVADOR

NICARAGUA

Managua

San José

COSTA RICA

Panamá

PANAMÁ

VENEZUELA

OCÉANO PACÍFICO

CENTROAMÉRICA Y LAS ANTILLAS
Países de habla española

COLOMBIA

ECUADOR

Los países del Pacto Andino

Más hacia el norte, se nota, como en el Cono Sur, el avance de la democracia. Actualmente, los cinco países del Pacto Andino — Colombia, Venezuela, Ecuador, Perú y Bolivia — son gobernados por presidentes elegidos. Esto marca un contraste con las décadas precedentes, cuando Ecuador, Perú y Bolivia estaban bajo el control de juntas militares. Pero hay guerrillas en varios de estos países que quieren establecer un régimen socialista o comunista como una solución a la miseria y a la corrupción. ¿Tendrán éxito estos grupos? Nosotros pensamos que el sistema democrático seguirá en poder por veinte años.

Centroamérica

La región más turbulenta ahora es Centroamérica. Aquí la palabra *democracia* tiene un sentido muy relativo. La democracia más auténtica de la región es la de Costa Rica, el único país latinoamericano que no tiene ejército. República Dominicana, Honduras, Guatemala y Panamá son democracias nominales que a veces funcionan como verdaderas democracias y otras veces son manipuladas por acuerdos diplomáticos y económicos o por la intervención militar directa de Estados Unidos. Otra influencia importante en la región es la de Cuba, el único país comunista del hemisferio. Gobernado desde 1959 por su jefe de estado Fidel Castro, Cuba es una sociedad donde ciertas reformas muestran el progreso del pueblo con respecto a la salud y a la instrucción. Por otra parte, el gobierno no permite mucha libertad y depende económicamente de la Unión Soviética.

La oposición ideológica entre Estados Unidos y Cuba hace difícil un desarrollo político independiente para los países centroamericanos. Toda disputa allí se magnifica y toma dimensiones internacionales. Actualmente, dos ejemplos de esto son El Salvador y Nicaragua.

El Salvador y Nicaragua

El Salvador es ahora la escena de una guerra civil. De un lado está el gobierno apoyado por Estados Unidos. Del otro lado están los guerrilleros que quieren un gobierno más independiente. Éstos creen que sólo así conseguirán una distribución más justa de la tierra y la riqueza. Los guerrilleros son apoyados por Nicaragua

y Cuba. El futuro parece grave. Nuestra predicción es que la guerra continuará hasta 1993 o 1994, cuando se formará un nuevo gobierno reformista.

En 1979 un grupo llamado *sandinistas* derribó al dictador de Nicaragua y estableció un gobierno socialista que permite cierta democracia relativa. El gobierno sandinista tiene grandes problemas económicos y militares ahora, debido en parte a la enemistad con los norteamericanos. Estados Unidos mandó a varios grupos militares, llamados *contras,* que lucharon contra el gobierno. Al mismo tiempo, Cuba mandó instructores militares y dinero a los sandinistas. Nosotros predecimos que el gobierno sandinista llegará a un acuerdo con Estados Unidos y seguirá un camino intermedio entre el socialismo y la democracia.

México

Finalmente, llegamos a nuestro vecino más cercano, México, que goza de un gobierno estable y popular desde hace más de cincuenta años. Su forma especial de gobierno se podría describir como una democracia dominada por un solo partido, el PRI (Partido Revolucionario Institucional). Sin embargo, en las elecciones de 1988, por primera vez el candidato de otro partido ganó un gran número de votos. Nosotros pensamos que la estructura del gobierno mexicano cambiará para permitir, en los años 90, una verdadera participación de varios partidos.

Comprensión de la lectura: ¿CIERTO O FALSO?

Escriba **cierto** ante las frases que son ciertas y **falso** ante las frases que son falsas con respecto al artículo. Corrija las frases falsas.

1. _____ Los tres países del Cono Sur de América Latina son Argentina, Uruguay y Colombia.
2. _____ Probablemente habrá una mejora en el nivel económico de Paraguay gracias al nuevo presidente, que se llama Stroessner.
3. _____ Actualmente, la forma de gobierno que predomina en Sudamérica es la dictadura militar.
4. _____ El único país comunista en el hemisferio es Guatemala.
5. _____ El gran problema de los países centroamericanos es que los países poderosos nunca los ayudan cuando tienen disputas.
6. _____ Después de leer este artículo, podemos inferir (hacer la inferencia) que el autor es optimista.

Preguntas

1. Según la novela de George Orwell, ¿cómo sería el mundo en 1984? ¿Cree usted que se cumplieron en parte sus predicciones?
2. ¿Está mejor o peor la situación política en el Cono Sur en comparación con la situación de hace quince años? ¿Por qué?

3. ¿Dónde está Paraguay? ¿Qué forma de gobierno tiene? ¿Por qué cree usted que su situación geográfica no es muy buena?
4. ¿Por qué es relativa la palabra *democracia* cuando se refiere a Centroamérica?
5. En la guerra civil de El Salvador, ¿de qué lado está Estados Unidos ahora, del lado del gobierno o del lado de los guerrilleros? ¿Y en Nicaragua? ¿Por qué hay esta diferencia?
6. ¿Diría usted que México es una democracia o no? ¿Por qué?

Localización de datos

Busque los siguientes datos específicos en el artículo o en las ilustraciones.

1. Los cinco países que forman el Pacto Andino: _____, _____, _____, _____ y _____.
2. El año en que George Orwell escribió la novela *1984:* _____.
3. El nombre del partido dominante en México: _____.
4. Los seis países centroamericanos de habla española: _____, _____, _____, _____, _____ y _____.
5. El nombre del único país hispanoamericano que no tiene ejército: _____.

Opiniones

1. ¿Tendría usted miedo de visitar algunos de los países latinoamericanos en el momento actual? ¿Por qué?
2. La política latinoamericana tiene reputación de ser muy volátil. ¿Sabe usted si hay algún cambio reciente en la situación allí?

Composición dirigida: *PREDICCIONES*

¿Qué pasará con nuestra política nacional? Escriba una o dos predicciones en español, usando el tiempo futuro, para cada uno de los siguientes puntos.

1. *Las próximas elecciones.* ¿Quiénes serán los candidatos? ¿Qué partido ganará — los Demócratas, los Republicanos, los Socialistas, etcétera? ¿Ganará con una mayoría o una minoría?
2. *Las cuestiones más importantes.* ¿Cuáles serán las cuestiones más importantes en la campaña? ¿La ecología? ¿La economía? ¿La política exterior (*foreign policy*)? ¿Las armas nucleares? ¿Por qué?
3. *Una mujer como presidente o primer ministro.* ¿Habrá una mujer como presidente de Estados Unidos o como primer ministro de Canadá en el futuro? ¿Cuándo? ¿Por qué? ¿Cuál de los dos países será el primero en elegir una mujer a la posición más poderosa de la nación?
4. *Un representante de las minorías.* ¿Cuándo subirá al poder máximo una persona de un grupo minoritario? ¿Cuál será el primero: un negro, un hispano, un oriental, un indio? Explique.

La ciudad del futuro

Anticipación

¿Cómo serán las ciudades del siglo XXI? ¿Qué adelantos habrá en la arquitectura y la tecnología? ¿Qué cambios habrá en las costumbres? Mire las fotos. ¿Diría usted que el autor del artículo presenta una visión optimista o pesimista de las ciudades del futuro? ¿Por qué?

Antes de leer el artículo, aprenda la siguiente lista. ¿Qué cognados y casi cognados hay? ¿Puede usted adivinar los significados? ¿Cuáles de las palabras y frases se refieren a la **tecnología** de las ciudades del futuro? ¿cuáles a la **arquitectura**? ¿cuáles a las **costumbres**?

Palabras y expresiones claves

la contaminación
el sistema de propiedad privada
los transportes subterráneos
el ama de casa
los depósitos bancarios

la enseñanza a larga distancia
los pronósticos
la ciudad vertical
construidas bajo cúpulas de plástico

La ciudad del futuro

La cuestión

El hombre no está contento con las monstruosas ciudades de hoy. La gran urbe° del mundo moderno es un verdadero desastre humano. De mantenerse el sistema actual, la humanidad quedaría formada por millones de seres neuróti-
5 cos, aniquilados° por la contaminación. Entonces, ¿qué vendrá? ¿Cómo serán o cómo deberían ser las ciudades del futuro?

ciudad

destruídos

NOTA DE VOCABULARIO: DE + EL INFINITIVO = *IF CLAUSE*

In Spanish the preposition **de** is used with the infinitive of a verb to express a possible condition. In English this is expressed as an *if* clause.
    EXAMPLE: ***De mantenerse el sistema actual,** la humanidad quedaría... (line 4)*
       If the present system were maintained, humanity would wind up ...
This construction is used two more times in the article (lines 18 and 47–48).

Los cambios

El modelo para una ciudad flotante que se construirá en el mar, por el arquitecto japonés Kikutake.

10 Al imaginar° hoy las ciudades del futuro, es necesario primero pensar en los cambios sociales y en los adelantos tecnológicos que probablemente vendrán en los próximos treinta o cincuenta años.

Por ejemplo, ¿continuará el sistema de propiedad privada o se implantará un régimen socialista? ¿Seguirá el hombre con el uso irracional del automóvil? ¿O usará transportes colectivos subterráneos? ¿O aceras rodantes°?

¿Y qué será de° los muertos? De seguir con el sistema actual, los cementerios ocuparían una extensión cada vez mayor de terreno. ¿Se comenzará la incineración° de cadáveres como costumbre general? ¿O se construirán — como se está haciendo en Tennessee, Estados Unidos — rascacielos-cementerios, de veinte pisos cada uno?

Grandes cambios se producirán también en el ámbito laboral.° La gente tendrá mucho más tiempo libre porque la semana de trabajo se reducirá a 30 horas. Esta tendencia culminará en la «civilización del ocio°» para la cual será necesario construir innumerables centros deportivos, artísticos y culturales.

30 Aumentarán° también los servicios. El ama de casa podrá elegir diariamente° su menú por medio de una computadora. Desde una cocina central le prepararán y llevarán las comidas. Por computadora y por televisión se podrán también hacer todas las compras, los pagos, los depósitos bancarios — el dinero casi no circulará. Los estudios se podrán hacer sin asistir a ninguna escuela usando la televisión y otros métodos audiovisuales de enseñanza a larga distancia.

Al... *When imagining*

aceras... *moving sidewalks*
qué... *what will become of*

cremation

ámbito... sector de trabajo

leisure

Se extenderán
cada día

Pronósticos

40 ¿Cómo será la arquitectura del futuro? No faltan pronósticos, muchos contradictorios:

1. La ciudad del futuro será vertical, un único° edificio o torre° de hasta 850 pisos.

single
tower

2. La ciudad del futuro será horizontal, con predominio de
45 viviendas unifamiliares, cada una con su jardín.

3. Las ciudades estarán construidas en el mar, quizás en islas° artificiales o debajo de las aguas. De vivir en una de estas ciudades, el hombre tendría a la puerta de su casa una despensa abundante de alimentos (peces, algas).
50 Pero se preguntan los expertos, ¿podría el hombre vivir sin el sol?

islands

4. Las ciudades estarán construidas bajo cúpulas de plástico, en las que° nunca lloverá ni nevará.

5. Las ciudades irán uniéndose° con otras ciudades no sólo
55 del mismo país, sino° de otros países, produciendo el fenómeno llamado «la conurbación». No sería entonces aventurado° afirmar que en el futuro una persona podría andar por una calle desde Madrid hasta Moscú, desde Buenos Aires hasta Washington.

las... which
irán... se combinarán gradualmente
but also

exagerado

60 Desde luego, en todo esto tendrán mucho que decir los jóvenes de hoy, arquitectos, científicos y sociólogos del futuro. Y son cuestiones importantes, pues el futuro de la humanidad está en las ciudades del mañana.

De *Visión,* la revista latinoamericana, publicada en México

La «conurbación» parece estar ya presente en São Paulo, Brasil.

Comprensión de la lectura: *ALTERNATIVAS*

Escriba la letra del objeto o proceso que, según el artículo, representa una posible alternativa a los siguientes sistemas.

1. _____ el uso irracional del automóvil
2. _____ viviendas unifamiliares
3. _____ ciudades separadas
4. _____ la propiedad privada
5. _____ los cementerios

a. un régimen socialista
b. la incineración de cadáveres
c. la ciudad vertical
d. los transportes colectivos
e. la conurbación

Preguntas

1. ¿Cómo es la gran urbe del mundo moderno?
2. ¿Qué medios de transporte podrían ser importantes en la ciudad del futuro?
3. ¿Cree usted que sería una buena idea construir rascacielos-cementerios? ¿Por qué?
4. ¿Qué es la «civilización del ocio»? ¿Qué haría usted como miembro de esa civilización?
5. Según el artículo, ¿con qué servicios ayudará la computadora al ama de casa?
6. ¿Le gustaría a usted aprender «a larga distancia», usando los métodos audiovisuales? ¿Por qué? ¿Qué materias sería difícil aprender en esa forma?
7. ¿Preferiría usted vivir en una ciudad vertical o en una ciudad horizontal? ¿Por qué? ¿Podría usted vivir sin el sol?
8. ¿Quiénes tendrán mucho que decir con respecto a las ciudades del futuro? ¿Por qué?

Un sueño realizado para el ama de casa del futuro: el sirviente electrónico.

Gramática: EL CONDICIONAL

Uno de los usos importantes del condicional es para expresar el futuro desde el punto de vista del pasado. Termine las frases con la forma apropiada del verbo en el condicional.

> MODELO   ¿Qué dijo el autor sobre los cambios en el ámbito laboral?
> **Dijo que grandes cambios** (producirse) **se producirían en el ámbito laboral.**

1. ¿Qué dijo el autor sobre los servicios?
   Dijo que los servicios (aumentar) _____ .
2. ¿Qué dijo el autor sobre el ama de casa?
   Dijo que el ama de casa (poder) _____ elegir su menú por medio de una computadora.
3. ¿Qué dijo el autor sobre el dinero?
   Dijo que el dinero casi no (circular) _____ .
4. ¿Qué dijo el autor sobre las cúpulas de plástico?
   Dijo que las ciudades (estar) _____ construidas bajo cúpulas de plástico.

Opiniones

1. ¿Qué aspecto de «La ciudad del futuro» le gusta más? ¿Cuál le gusta menos? ¿Por qué?
2. ¿Cree usted que la arquitectura tiene alguna influencia sobre la vida de uno? ¿Cuál es su reacción frente a las siguientes situaciones... ?
   a. estar en un cuarto sin ventanas
   b. estar en un lugar donde todos los muebles son de metal o plástico
   c. estar en un cuarto con muchas ventanas y muchas plantas
   d. estar en un cuarto donde el techo está muy alto
   e. estar en un cuarto pintado de amarillo / azul / anaranjado

Composición: PREDICCIONES PARA EL FUTURO

Usted debe hacer el papel (*play the role*) de un/a clarividente (persona que puede predecir el futuro) y escribir tres predicciones sobre qué les pasará a las ciudades en los próximos cincuenta años.

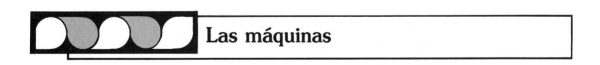

Las máquinas

Anticipación

¿Cómo serán los seres humanos del siglo XXXIII? ¿Qué harán para pasar el tiempo? ¿Qué problemas tendrán? El siguiente cuento de ciencia ficción nos presenta la visión de su autor, el escritor español Francisco Faura, sobre estas preguntas. Mirando la ilustración, ¿qué puede usted decir sobre la gente del futuro, según Faura?

Antes de leer el cuento, aprenda la siguiente lista. ¿Qué cognados y casi cognados hay? ¿Qué palabras se refieren a la ilustración?

Palabras y expresiones claves

un aburrimiento atroz
pulsar el botón
el «robot» bibliotecario
hundido en el sillón
   (o el asiento)
tomarse la molestia de
   (andar, moverse)
la mayor catástrofe

poner en marcha (las
   máquinas)
la pastilla alimenticia
las semillas que
   producirían alimentos
darle asco (repugnancia)
   a uno

 # Las máquinas

Francisco Faura

La civilización terrestre° había alcanzado° su máximo grado° de esplendor. Demasiado, quizás...

de la tierra / **había...** *had reached*
nivel

I

Elmer Clayton extendió los brazos,° bostezando.° Su aburrimiento era atroz... Fue a moverse y apenas° lo consiguió, tal° era su obesidad. Pensando que la «stereovisión» podría
5 distraerle,° pulsó el botón instalado en el brazo de su sillón° e inmediatamente la pared° se iluminó, dando paso a la imagen en colores y sentido tridimensional. Como siempre, la película° trataba de lo mismo: la serie interminable de «robots» trabajando en una fábrica°... Fastidiado,° Clayton
10 cerró la conexión. Eran las once de la mañana y tenía todavía un largo día por delante°... ¡Díos mío, qué aburrimiento! Quizás recurriendo a la lectura.° Pulsó otro botón y muy pocos segundos después ya tenía frente a él al «robot» bibliotecario. «Una máquina perfecta», reflexionó° Clayton,
15 contemplando la imitación humana, construida en brillante material plástico.
   — Elígeme una novela, X-10 — solicitó.°
   La máquina conocía su oficio. En seguida° eligió un tomo,° llevándolo al hombre hundido en el sillón.
20   — *Lo que el viento° se llevó* — anunció con su metálica voz° —. Autor: Margaret Mitchell... Siglo XX.

arms / yawning
scarcely
such
divertirlo / chair
wall

movie
factory / Irritado

por... *ahead of him*
reading

pensó

pidió
En... Inmediatamente
volumen
wind
voice

— Léemela°...

Clayton cerró los ojos.

Zumbó el «visófono°» y Clayton bajó la pequeña pa-
25 lanca° que establecía la comunicación. En la pantalla° ilumi-
nada surgió° la cara° de su mejor amigo, John Davison.
Con la misma cara de aburrimiento que él...

— ¿Qué haces, muchacho?

— Nada... En estos momentos, mi «robot» lector se dis-
30 ponía° a entretenerme con una novela del siglo XX...

— Pues, ¡qué ridículo! En pleno siglo XXXIII, leyendo
una antigualla° como ésa...

— ¿Y qué quieres que haga?° — se quejó Clayton —.
¿Sabes tú de alguien que se tome el trabajo de escribir en
35 esta época?

— ¿Escribir? — el horror se reflejó en el semblante de
Davison —. ¡Para eso están las máquinas literarias!

— Pues, entonces...

— ¡Qué aburrimiento! Y mañana será lo mismo° — ... Se
40 cortó la comunicación. Fuera de la estancia° hubo un ruido
de ruedas° y apareció la esposa de Clayton, tan gruesa°
como él, sentada en la máquina «velocicleta», movida por
energía nuclear.

— El desayuno,° querido — ofreció una pastilla de color
45 rojo.

A desgana,° Clayton se tragó° la cápsula. — El día es demasiado largo — pensó —. Lo mejor será tomarme una dosis de «Dormiex°».

Read it to me.

Zumbó... *The "visophone" rang*
lever / screen
aparecíó / *face*

preparaba

cosa vieja

qué... *what do you want me
to do?*

lo... *the same thing*
room
wheels / gorda

breakfast

A... Sin apetito / **se...**
swallowed

pastilla que hace dormir

* * *

Por aquellos días la Humanidad había avanzado mucho.
50 Las máquinas lo hacían todo, absolutamente todo. Existían
los «robots» pintores,° los «robots» literarios, los pensado-
res° y filósofos... y así sucesivamente.° Ningún trabajo ma-
nual era efectuado° por los seres humanos. Y el resultado
eran generaciones de seres abúlicos,° inmóviles en sus có-
55 modos asientos. Ni siquiera° tomaban la molestia de andar,
porque los asientos eran dirigidos a voluntad.° El Ejército y
la Policía habían desaparecido asimismo,° suplantados por
los «robots de defensa». Pero la mayor monstruosidad la
constituía la inseminación artificial... ¡Hasta° el amor había
60 matado° aquella supercivilización!*

painters
thinkers / **y...** *and so on*
hecho
indolentes
Ni... *Not even*
a... *by willpower*
también

Even
había... *had killed*

II

¡De repente° sucedió° la mayor catástrofe conocida! De
pronto, sin explicación, todos los «robots» del mundo dejaron de° funcionar. Y lo terrible era que no podían ser repa-
65 rados... por la sencilla° razón de que los constructores eran
también máquinas. Y éstas° se habían parado° asimismo.
Nadie sabía cómo ponerlas en marcha. Y nadie tenía fuer-
zas° para abandonar sus sillones, por el motivo de que sus
piernas,° al no ser utilizadas, casi estaban atrofiadas.
70 El pánico más atroz se apoderó del° mundo. ¡Aquello era
el final! ¿Quién produciría las pastillas alimenticias? Y, sobre todo... ¿quién iba a trabajar en los laboratorios preparando los sueros° de la inseminación? La especie humana
corría el peligro° de extinguirse...
75 — ¡Esto no puede ser! — chillaba° Clayton —. ¡Alguien
tiene que solucionarlo! El Gobierno... ¿Qué hace el Gobierno?
El Gobierno Mundial no hacía nada, no podía hacer nada. Porque también ellos permanecían hundidos en sus
80 asientos.
— En los antiguos museos se guardan semillas que producían alimentos... Lo único que hace falta es plantarlas, —
sugirió° el primer consejero Harrington.
El presidente le dirigió una colérica mirada.°
85 — ¿Y quién las plantará, imbécil, ahora que no disponemos de° los «robots» agricultores?

De... *Suddenly /* pasó

dejaron... *stopped*
simple
these / **se...** *had stopped*

energía
legs
se... *took over the*

serums
corría... *was running the risk*
screamed

recomendó
colérica... *angry look*

disponemos... tenemos

*Notice that in Spanish the subject sometimes comes *after* the verb. In this
sentence **aquella supercivilización** is the subject. **El amor** is the direct object.

Hambre.° El hambre se cernía sobre° el mundo. Aquella *Hunger / se... loomed over*
supercivilización se extinguiría inexorablemente.

III

90 Hubo que sacar fuerzas° de donde no parecían existir. **Hubo...** *It was necessary to find*
Arrastrándose° como animales inferiores, los hombres fue- *strength*
ron en busca de aquellas preciosas semillas... *Dragging themselves*

Tambaleándose° sobre sus débiles piernas ocuparon sitios *Wobbling*
en los laboratorios, estudiaron antiguos tratados°... Tuvieron *manuscritos*
95 que hacerlo.

* * *

Los dos jóvenes permanecían con las manos entrecruza-
das,° mirándose a los ojos. Cerca de ellos, en el parque, los **con...** *hand in hand*
niños jugaban.

— Ayer estuve en el museo del siglo XXXIII y vi los an-
100 tiguos «robots». ¡Aquellas máquinas me dieron asco, querido!

— ¡Y pensar que el hombre que salvó° a la Humanidad *saved*
fue el único que tuvo inteligencia entre aquella pandilla° de *grupo*
insensatos°! — murmuró la muchacha —. *idiotas*
105 Solamente él comprendió la locura de la excesiva auto-
matización. Al paralizar a los «robots», obligó a que la **obligó...** *he forced Humanity to*
Humanidad trabajase.° Así la gente aprendió otra vez la *work*
importancia de ganarse el sustento por sus propios medios.° **ganarse...** *earning its own food*
110 Se levantaron, y al pasar frente a una estatua, ambos le
dirigieron una mirada de respeto. Reflejaba° un hombre de *Representaba*
dulces facciones.° En el pedestal, podía leerse en una placa **dulces...** *gentle features*
dorada°: **placa...** *golden plaque*
«A Oscar M. Rabenstein, salvador° de la especie humana.» *savior*
115 Y siempre había flores al pie de la estatua.

De *Antología de novelas de anticipación,* publicado con la autorización de
Editorial Acervo, S. L., Barcelona, España

En otras palabras

Describa en español las siguientes «invenciones del futuro» imaginadas por el autor del cuento.

1. la «stereovisión»
2. el «visófono»
3. la «velocicleta»
4. las pastillas alimenticias

Preguntas

1. ¿En qué siglo está viviendo Elmer Clayton? ¿Cómo son los seres humanos en este siglo, según el cuento?
2. ¿Reconoce usted la novela elegida por el «robot» bibliotecario? ¿Cuál es el título en inglés? ¿Por qué es simbólica esta novela de lo que va a pasar después en el cuento?
3. ¿Qué diferentes tipos de trabajo hacen los «robots» en este mundo del futuro?
4. ¿Con quién habla Clayton por visófono? ¿Qué problema tienen los dos hombres? ¿Cómo lo solucionan?
5. Describa usted el desayuno de Clayton y su esposa. ¿Le gustaría comer así o no? ¿Por qué?
6. ¿Por qué dice el autor que aquella supercivilización había matado hasta el amor?
7. ¿Qué catástrofe sucedió? ¿Por qué parecía que la civilización se extinguiría inexorablemente?
8. Al fin, ¿qué hicieron los hombres para solucionar su problema? ¿Por qué?
9. ¿Quién es Oscar M. Rabenstein? ¿Cómo son los dos seres humanos que miran su estatua al final?
10. ¿Por qué cree usted que el autor español de este cuento usó nombres ingleses para sus personajes?

Composición: *RESUMEN DE LA IDEA PRINCIPAL*

En una o dos oraciones, escriba usted la idea principal del cuento. Compare su explicación con las de sus compañeros de clase. ¿Cuál es la más clara y exacta? Mire el dibujo *El hombre técnico.* ¿Por qué podemos decir que es parecido (similar) al cuento?

EL HOMBRE TECNICO

Actividad en pareja La vida del futuro

Trabaje en pareja. Alternando turnos, háganse las preguntas, una persona leyendo las preguntas de la columna A y la otra las preguntas de la columna B. Después de unos minutos, usted debe estar preparado/a para informarle a la clase sobre los hábitos y opiniones de su compañero/a.

A.

1. ¿Qué piensas de la «stereovisión», el «visófono» y la «velocicleta»? ¿Cuál de estos inventos te gustaría tener más? ¿Por qué?
2. ¿Qué clases de trabajo crees que los «robots» harán en el futuro?
3. En general, ¿crees que la gente está más o menos aburrida hoy que en generaciones pasadas? ¿Por qué?

B.

1. ¿Crees que algunos de estos inventos realmente existirán en el futuro o no? Explica.
2. ¿Te gustaría tener un «robot» como sirviente personal? ¿En qué podría ayudarte?
3. El cuento no menciona los deportes. ¿Crees que en el futuro la gente practicará los deportes más o menos que ahora? ¿Por qué?

¿Qué están pensando? ¿Qué están diciendo?

Mire las cuatro ilustraciones en las páginas 101–102, tomadas del capítulo. Invente frases apropiadas para cada persona indicada, mostrando lo que él o ella está pensando o diciendo. Use palabras y expresiones de la Lista de vocabulario.

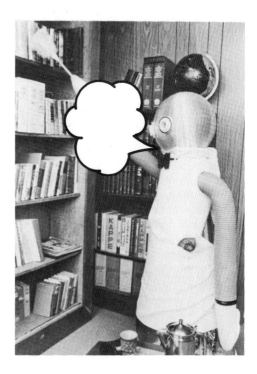

LISTA DE VOCABULARIO

aburrimiento
actual
actualmente
acuerdo
adelanto
apoyar
avanzar
candidato/a
catástrofe
catastrófico/a
cumplirse
democrático/a
desarrollo
desastre
desastroso/a

dictador/a
dictadura
disputa
elecciones
elegido/a
elegir
establecer
establecimiento
favorecer
funcionar
guerrilla
guerrillero/a
imponer
instrucción

intervención
mañana
mejora
mejorar
militar
nivel
oposición
partido
pastilla
permanecer
poder
poderoso/a
predicción
propiedad

protesta
pueblo
régimen
represión
represivo/a
retirarse
riqueza
robot
salud
semilla
siglo
tendencia
totalitario/a
vecino/a

Modismos y expresiones

el ama (f) de casa
desde luego
¡Díos mío!

hacia el norte (el sur,
    el este, el oeste)

países en desarrollo
poner en marcha

tomar medidas

CAPÍTULO SEIS

El mundo del misterio

The Perfect Tenses

Presentación de vocabulario

EL MISTERIO

Aprenda usted estas palabras importantes relacionadas con el tema del capítulo. Los cognados y casi cognados no están traducidos al inglés. (Si usted tiene dudas respecto a alguna palabra, puede consultar el Vocabulario al final del libro.)

El misterio y la ciencia

el científico / la científica		**el laboratorio**	
la hipótesis		**la teoría**	
el cerebro	brain	**la mente**	mind
el antropólogo / la antropóloga		**la antropología**	
el arqueólogo / la arqueóloga		**la arqueología**	
heredar		**lo heredado**	
adquirir		**lo adquirido**	
la verdad	truth	**la mentira**	lie
las investigaciones	research	**hacer experimentos**	
comprobar (ue)	to verify, prove, substantiate	**el medio ambiente**	environment

---

EL USO DE **LO** + UN ADJETIVO

Lo is used with an adjective to mean *what is* _____. For example, **lo heredado** means *what is inherited*; **lo adquirido** means *what is acquired*. This can be done with almost any adjective in Spanish and can be translated to English in various ways: **Lo horrible del caso es... Lo interesante del proyecto es...** (*The horrible thing about the case is . . . What is interesting about the project is . . .*)

El misterio y el crimen

el/la detective		**el/la criminal**	
el inspector / la inspectora de policía		**los sospechosos**	suspects
el/la culpable	guilty (one)	**tener la culpa (de)**	to be guilty (of)
asesinar	to murder	**el asesinato**	murder
el asesino	murderer	**la asesina**	murderess
hallar / encontrar (ue)	to find	**el indicio**	clue
la investigación		**resolver (ue) / solucionar**	to solve
robar		**misterioso/a**	

descubrir (descubierto)   to discover (discovered)
la novela (película) de suspenso, de misterio   thriller; mystery novel (film)

Lo desconocido

el fantasma	ghost; illusion	**el espíritu**	spirit
el temor, el miedo	fear	**el enigma**	
querer (ie), amar	to love	**odiar; el odio**	to hate; hatred
súbito/a	sudden	**súbitamente**	suddenly
aparecer (zc)	to appear	**de repente**	suddenly

LOS VERBOS QUERER Y AMAR PARA DECIR *TO LOVE*

Both **querer** and **amar** mean *to love* in Spanish, but there is a slight difference. The most common way of saying *I love you* is **Te quiero.** The verb **querer** (which also means *to want*) includes the emotional and the physical aspects. You can also say **Te amo.** The verb **amar** includes the emotional and spiritual aspects. So, when speaking of a person who loves God or country, one says **Ama a Dios; Ama su patria.**

Los sueños

el sueño	sleep; dream	**soñar (ue)**	to dream
tener sueño	to be sleepy	**tener un sueño**	to have a dream
dormir (ue)	to sleep	**dormirse**	to go to sleep
despertar (ie)	to wake up (*someone*)	**despertarse**	to wake up (*oneself*)
dormido/a	asleep	**despierto/a**	awake
recordar (ue)	to remember	**olvidar**	to forget
tener sentido	to make sense; to have meaning	**el mensaje**	message

---

EL VOCABULARIO DEL SUEÑO

Sueño means *sleep*; it also means *dream*. Which of the meanings is expressed depends on the context. **Tuve un sueño bonito** means *I had a beautiful dream.* Without **un,** **Tengo sueño** means *I am sleepy.* **El sueño profundo es bueno para la salud** means *Deep sleep is good for health.* The two verb forms are completely different: **dormir (ue)** (*to sleep*) and **soñar (ue)** (*to dream*). Do you remember what the **ue** after each verb means? In English we say we dream *about* someone or something; in Spanish the preposition **con** (*with*) is used, which can lead to a misunderstanding if someone doesn't know Spanish grammar. **María sueña con Juan** simply means *Mary is dreaming about John.*

Notice that by making **dormir** reflexive, the meaning changes slightly: **Dormí ocho horas.** *I slept eight hours.* **Me dormí a las diez.** *I fell asleep* (or *I got to sleep*) *at ten o'clock.*

Práctica de vocabulario

Sinónimos

Busque en las listas un sinónimo (o un casi sinónimo) para las siguientes palabras.

1. súbitamente _____
2. amar _____
3. el misterio _____

4. detestar _____
5. el miedo _____

Antónimos

Busque en las listas un antónimo (o un casi antónimo) para las siguientes palabras.

1. despierto _____
2. recordar _____
3. inocente _____

4. desaparecer _____
5. dormirse _____
6. la verdad _____

Identificaciones

¿Quiénes han hecho las siguientes cosas? Busque la palabra apropiada para cada blanco. (En algunos casos hay más de una posibilidad correcta.)

1. Los _____ han hecho experimentos en el laboratorio.
2. La _____ ha descubierto las ruinas de una civilización perdida.
3. ¡Qué horror!, un _____ ha aparecido de repente durante la sesión de espiritismo.
4. Unos _____ han robado la casa.
5. El _____ ha presentado una nueva teoría en el congreso de antropología.
6. El _____ ha resuelto el crimen con la ayuda del laboratorio forénsico.
7. Los _____ tienen la culpa del asesinato.

Descripción de una típica novela de misterio

Invente dos oraciones para cada uno de los personajes (*characters*), tomando una frase de cada columna. La primera frase está hecha como modelo.

> MODELO   El criminal roba un diamante enorme y fabuloso.

En una típica novela de misterio...

1. el criminal
2. el inspector
3. el detective

resuelve el crimen
habla con los sospechosos
descubre un indicio
asesina a la víctima
inventa una hipótesis
roba un diamante

súbitamente.
con su cerebro brillante.
cruelmente.
para buscar la verdad.
enorme y fabuloso.
que resulta falso/a.

Actividad en pareja El misterio

Trabaje en pareja. Alternando turnos, háganse las preguntas, una persona leyendo las preguntas de la columna A y la otra las preguntas de la columna B. Después de unos minutos, usted debe estar preparado/a para informarle a la clase sobre los hábitos y las opiniones de su compañero/a.

A.

1. ¿Has leído una novela de misterio? ¿Cuál? ¿Qué tal fue?
2. En general, ¿sueñas mucho? ¿Recuerdas tus sueños?
3. ¿Crees en los fantasmas? ¿Has asistido alguna vez a una sesión de espiritismo o te gustaría hacerlo? Explica.

B.

1. ¿Has visto una película de suspenso? ¿Cuál? ¿Qué tal fue?
2. Generalmente, ¿a qué hora te duermes por la noche? ¿A qué hora te despiertas?
3. ¿Crees que los sueños tienen sentido? ¿Contienen mensajes importantes a veces?

 Chistes

Un ladrón° listo

thief

Todos los sábados un señor gordo, montado en° un burro, cruzaba la frontera° a las cuatro de la tarde. Siempre llevaba dos maletas.° Los guardias de la aduana° creían que era
5 contrabandista,° pero nunca hallaron nada cuando registraron° sus maletas.

    Muchos años después, uno de los guardias encontró al señor gordo en una taberna° y le dijo — Ahora he dejado mi trabajo en la aduana y quiero saber una cosa. Usted era
10 contrabandista, ¿no?

    — Claro — admitió el señor.

    — Pero siempre registrábamos sus maletas muy bien y no encontrábamos nada. ¿Qué robaba usted?

    — Burros — respondió el señor.

montado... *riding on*
border
suitcases / customs
smuggler
searched

tavern

15 ### Un testigo° honesto

witness

ABOGADO:	¿Cuánto tiempo hace que usted conoce° al acusado°?
TESTIGO:	Hace diez años que lo conozco.
ABOGADO:	Muy bien. ¿Puede usted dar al juez su opinión sobre el carácter del acusado? ¿Cree usted que es un hombre capaz° de robar dinero?
TESTIGO:	A ver°... ¿Cuánto fue?

Cuánto... *How long have you known*
defendant

capable

A... *Let's see*

Adivinanzas

Las adivinanzas son los mini-misterios en forma de preguntas y son populares en casi todas las culturas. Las siguientes adivinanzas tienen que ver con las letras del alfabeto. Léalas y busque la solución para cada una en la lista al lado derecho.

1. _____ ¿Por qué no puede trabajar la letra *A*?
2. _____ ¿Cuál es el final de todo?
3. _____ ¿Por qué son las letras *GU* similares a una isla?
4. _____ ¿Cuáles son las cuatro letras que le dan miedo a un ladrón?
5. _____ ¿Dónde viene el jueves antes que el miércoles?
6. _____ ¿Qué letra está bien con crema y azúcar?

a. Porque están en medio de *agua*.
b. En el diccionario.
c. Porque siempre está en *cama*.
d. La letra *T* (té).
e. La letra *O*.
f. *O.T.V.O.*

¿Conoce usted alguna adivinanza que pueda traducir al español?

El misterioso mundo de los sueños

Se ha definido a los sueños como un grupo de imágenes o ideas, generalmente incoherentes, que se presentan cuando estamos dormidos. Pero, ¿qué se ha hecho con los sueños en el laboratorio?

Los sueños en el laboratorio

Los gatos encerrados en jaulas, con electrodos en la cabeza, están soñando. Sólo mueven un poco las orejas y las extremidades de las patas. Al parecer, reposan con la mayor tranquilidad, pero la curva que marcan las agujas sobre el papel indica una gran actividad cerebral.

Hemos pasado durmiendo un tercio (1/3) de nuestra vida

Todas las noches, más o menos cada 90 minutos, soñamos por un período de unos 15 a 20 minutos. Los sueños ocupan el 20% de nuestro sueño. Todo el mundo sueña, aun las personas que afirman lo contrario. Eso se comprueba con los electrodos, aunque a veces el individuo no recuerda haber soñado.

El 80% de las personas a quienes se despierta cuando están soñando, describen sus sueños en colores: azul, rojo, amarillo. Algunos científicos han opinado que todos soñamos en colores, pero que nos olvidamos.

¿Sueñan los animales?

De acuerdo con la prueba de los electrodos, la mayoría de los animales sueñan, pero no se han descubierto sueños en las serpientes ni en las tortugas. Los pájaros tienen sueños fugitivos de diez segundos de duración durante la noche. Los mamíferos sueñan mucho más, especialmente los carnívoros. Los herbívoros duermen y sueñan bastante menos.

Una vaca o un caballo duerme de tres a cuatro horas cada noche, y sus sueños ocupan solamente un 6% de este tiempo. El león duerme casi tantas horas como el ser humano, y sueña un 20% de ese tiempo. Pero el gato supera a todos: duerme dos tercios (2/3) de su vida y sus sueños ocupan el 30% del tiempo.

Los sueños: Algo tan necesario como la comida

Durante el sueño aparecen caras, escenas, imágenes conocidas. Los ojos del individuo que sueña se animan con movimientos idénticos a los de la persona que está despierta. Pero los ojos no ven nada, sólo reflejan los fantasmas de nuestro espíritu.

El cerebro trabaja en círculo cerrado: está despierto, durmiendo, soñando, y cada uno de esos estados es necesario para nuestra existencia. De ahí el peligro del uso de ciertos somníferos (drogas que producen el sueño). Los barbitúricos, por ejemplo, pueden eliminar los sueños, y esto puede dañar la salud y el equilibrio mental del ser humano.

¿Por qué soñamos?

Los científicos sólo han podido ofrecernos hipótesis para contestar a esta pregunta. Una de esas hipótesis es que el papel fundamental de los sueños consiste en ayudar al individuo a relacionar lo heredado (las características que ha recibido de sus padres) con lo adquirido (sus experiencias).

Según esta idea, el ser humano, como una computadora, tiene un programa (su componente genético y su historia personal). Durante el día, nuestros sentidos nos han transmitido una enorme cantidad de información. Luego, en la tranquilidad de la noche, los sueños nos permiten revisar estas imágenes múltiples, impresiones y sensaciones, y seleccionar — de acuerdo con nuestro programa — las que quedarán en nuestra memoria. Y éstas, a su vez, pueden modificar el programa e influir en nuestra personalidad.

Pero todo esto no es más que una hipótesis. Hasta el momento, los expertos han penetrado muy poco en este mundo misterioso de los sueños.

De *Temas,* una revista publicada en Nueva York

Comprensión de la lectura: FRASES PARA COMPLETAR

1. Se ha definido a los sueños como un grupo de imágenes o ideas, generalmente (lógicas / incoherentes), que se presentan cuando estamos dormidos.
2. En el laboratorio, cuando los gatos están soñando, la curva que marcan las agujas sobre el papel indica una gran actividad (cerebral / muscular).
3. Todas las noches, más o menos cada noventa minutos, soñamos por un período de unos (tres a cuatro minutos / quince a veinte minutos).
4. La mayoría de los animales sueñan, pero no se han descubierto sueños en los (reptiles / pájaros).
5. El (caballo / león) duerme casi tantas horas como el ser humano, y sueña un 20% de ese tiempo.
6. (Las manos / Los ojos) del individuo que sueña se animan con movimientos idénticos a los de la persona que está despierta.
7. Según una hipótesis, el papel fundamental de los sueños consiste en relacionar (lo heredado con lo adquirido / las impresiones con las sensaciones).

Preguntas

1. ¿Qué porcentaje de nuestra vida hemos pasado dormidos? ¿Qué porcentaje de nuestro sueño ocupan los sueños?
2. ¿Cuántas horas duerme usted cada noche? ¿Le gustaría dormir menos, como una vaca? ¿Por qué?
3. ¿Quiénes sueñan? ¿Soñamos en blanco y negro o en colores? ¿Recuerda usted haber soñado en colores?
4. ¿Por qué es peligroso tomar ciertos somníferos? ¿Ha tomado usted somníferos alguna vez o no? ¿Por qué?
5. ¿Qué hipótesis han ofrecido algunos científicos para explicar por qué soñamos? ¿Qué piensa usted de esto?
6. ¿Con qué o con quién ha soñado usted recientemente?

Vocabulario

Para cada uno de estos sustantivos (nombres), dé el verbo relacionado que se usa en el artículo. Primero escriba el infinitivo; después llene los espacios en blanco con la forma apropiada del presente perfecto.

MODELO	el reposo	**reposar**	Los gatos **han reposado.**
1. la aparición		_____	Durante el sueño _____ _____ caras, escenas e imágenes conocidas.
2. el movimiento		_____	Los ojos del individuo que sueña se _____ _____ mucho.
3. la ocupación		_____	Los sueños _____ _____ el 20% de nuestro sueño.
4. la descripción		_____	El 80% de las personas _____ _____ su sueño en colores.
5. el descubrimiento		_____	La ciencia no _____ _____ todavía una explicación completa para los sueños.
6. la vista		_____	La persona que sueña sólo _____ _____ los fantasmas de su espíritu.

Opiniones

1. En su opinión, ¿es mejor olvidar los sueños? ¿O es importante tratar de comprenderlos?
2. El famoso psiquiatra Sigmund Freud ha descrito los sueños como la expresión de nuestros deseos y temores secretos. ¿Le gusta a usted más esta hipótesis o la hipótesis mencionada en el artículo?
3. ¿Cree usted que los sueños pueden predecir el futuro? Explique.

Composición

Describa brevemente en español algo que usted ha soñado recientemente o un sueño que alguien le ha contado. O, si usted prefiere, escriba una interpretación de esta pintura de Dalí.

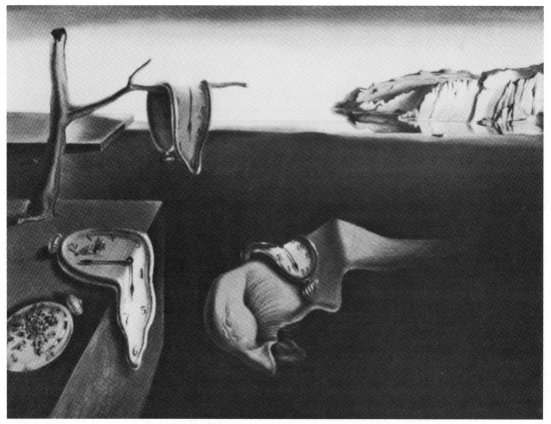

La persistencia de la memoria, del pintor surrealista español Salvador Dalí, presenta un ambiente de sueño. Los surrealistas creían que los sueños ayudan a entender los secretos del inconsciente.

 # El misterio de la duquesa asesinada

Anticipación

Como siempre, el famoso detective Juan Sabelotodo tiene que resolver un caso criminal demasiado difícil para la policía. Pero esta vez, usted también es el detective porque al final, usted tiene que decidir la identidad del asesino (o de la asesina), su motivo y el indicio revelador...*

La historia tiene lugar en una casa grande de muchas habitaciones. Mire la ilustración y la lista de palabras claves. ¿Puede usted dar el nombre de cada una de las habitaciones representadas en la ilustración?

Palabras claves

el salón	**el dormitorio**
el comedor	**la piscina**
la biblioteca	**la cocina**

NOTA DE VOCABULARIO: HACE + UNA EXPRESIÓN DE TIEMPO

In Spanish, **hace** is used with time expressions, followed by **que** and a present tense verb, to indicate an action continuing over a period of time up to and including the present.

EXAMPLES **Hace meses que no vamos allí.**
We haven't gone there for months.

Hace cinco días que leo este libro.
I have been reading this book for five days.

Notice that in English, the present perfect of the verb is used, followed by *for* and the time expression. To ask *How long . . . ?*, the question **¿Cuánto tiempo hace que... ?** is used. These constructions occur several times in the story.

Ahora, lea el cuento y solucione el crimen.

---

*There is no one right answer to this murder mystery. Any of the suspects might be guilty. It is up to you to choose one and invent a plausible motive and an appropriate clue, which, following the reading, you will have a chance to explain. The story is written as a satire of the old-fashioned murder mystery, with the stereotyping typical of that genre.

El misterio de la duquesa asesinada

Un día, el detective Juan Sabelotodo anunció a su guapa°
secretaria Lulú: — La Duquesa° de Platalesobra nos ha invitado a tomar el té.

— ¡Qué bien! — dijo Lulú —. Hace meses que no vamos
5 allí.

Quince minutos después, Juan y Lulú llegaron al palacio
de Platalesobra. Una criada° muy fea° les abrió la puerta y
declaró — ¡Algo horrible ha ocurrido! ¡Alguien ha asesinado
a la duquesa!

10 En ese momento apareció el Inspector de Policía.

— ¡Juan Sabelotodo! — exclamó —. Usted siempre llega
cuando hay un crimen.

— Venía a tomar el té — dijo el detective.

— ¡Je! ¡Je°! — rió el Inspector —. Es un buen chiste.

15 — ¿Dónde está el cadáver? — preguntó Juan.

El Inspector les indicó un elegante salón y todos entraron. El cadáver de una bella mujer estaba tendido° en el so-

muy atractiva
Duchess

sirvienta / no muy bonita

Je... *Ha! Ha!*

extendido

fá. La víctima guardaba todavía una expresión de terror en la cara y una pequeña toalla° en la mano.

towel

20 — Alguien la ha estrangulado° — dijo el policía, tropezándose con° un libro que estaba en el suelo.°

strangled

tropezándose... *tripping on / floor*

— ¿Un ladrón? — preguntó Lulú.

— Creo que no — respondió el Inspector, recogiendo° un encendedor de oro° que se encontraba en el sofá —. Parece 25 que no se ha robado nada.

picking up

encendedor... *gold lighter*

— Quiero hablar con los sospechosos° — declaró Sabelotodo.

suspects

Más tarde, todos estaban en el comedor: Juan, Lulú, el Inspector, el duque,° Sofía (la hija de los duques°), la criada 30 y un joven guapo, vestido con traje de baño.°

Duke / Duke and Duchess

traje... *ropa para nadar*

El detective empezó su investigación: — Bueno, ¿quién ha visto primero el cadáver?

— Yo — respondió Sofía —. Soy estudiante de la universidad. Estaba en la biblioteca, leyendo un libro sobre las 35 teorías de Carlos Marx, cuando oí la voz de mi madre. Gritaba° «¡Socorro°! ¡Socorro!» Entré en el salón y la encontré muerta. ¡Pobre mamá! Era una persona muy frívola, pero no era mala. Me siento muy sola sin ella.

She was shouting / Help! (word used by a person in distress)

— ¡Qué mentira! ¡Tú sabes muy bien que nunca has querido a tu mamá! — interrumpió con emoción su padre, el 40 duque —. Tú y ella pasaban todos los días en riñas.°

disputas

— ¡No es verdad, papá! — gritó Sofía, sus grandes ojos llenos de lágrimas° —. No me gustaba su modo° de vivir, pero siempre la he querido, a mi manera.° ¡Tú eres la per- 45 sona que odiaba a mamá, y la hacías sufrir con tu silencio y frialdad°!

tears / forma

a... *in my own way*

coldness

— ¿Y dónde estaba usted, señor duque? — el detective preguntó al viejo aristócrata.

— Yo fumaba un cigarrillo arriba en mi dormitorio — 50 dijo el duque —. Bajé cuando oí los gritos de Sofía. Hace muchos años que la duquesa y yo llevamos vidas separadas. Pero no soy celoso° y no la odiaba. Esa idea existe solamente en la imaginación de mi hija.

jealous

— ¿Usted es el famoso tenista,° Modesto Valeroso? 55 — preguntó Lulú, mirando con interés al joven vestido con traje de baño.

jugador de tenis

— Sí, soy Valeroso — respondió el atleta con una sonrisa seductora° —. En el momento del crimen yo nadaba en la piscina del jardín. Yo era el amante° de la duquesa y es- 60 taba muy enamorado de ella, aunque,° como todos saben, ella me trataba° mal a veces.

sonrisa... *seductive smile*

lover

although

treated

— ¡Lo trataba a usted como a un perro! — dijo la criada con una carcajada° irónica —. La duquesa era una persona muy arrogante. Pero me pagaba bien y yo no soy culpable

burst of laughter

65 de su muerte. He pasado toda la tarde en la cocina, lim-
piando los platos° y preparando la cena.   *dishes*

 — ¿Cuánto tiempo hace que usted trabaja aquí? — le
preguntó el Inspector de Policía a la criada.

 — Veinte años — respondió ella sin vacilación —. Justa-
70 mente hoy cumplo° veinte años en esta casa y no he fal-   *termino*
tado° ni un solo día.   *missed*

 — ¡Qué misterio! — exclamó Lulú.

 — Esta vez hemos encontrado el crimen perfecto
— pronunció el policía en un tono solemne — el crimen sin
75 solución.

 — Al contrario — declaró Sabelotodo —. Alguien aquí
no ha dicho la verdad. Yo, con mi increíble inteligencia, he
descubierto un indicio importante cerca del cadáver. Ahora
sé quién ha asesinado a la duquesa y cuál ha sido el motivo.

80 — ¡Dios mío! — exclamaron todos —. ¡Usted es un hombre brillante!

 — Ya° lo sé, — respondió el detective —. Mi madre   *Already*
siempre me lo ha dicho también.

Comprensión de la lectura: *LAS PERSONAS SOSPECHOSAS*

Llene los espacios en blanco con las letras apropiadas para indicar la correspondencia entre
cada persona y su coartada (*alibi*).

1. _____ El duque
2. _____ Sofía
3. _____ La criada
4. _____ Modesto Valeroso

 a. Preparaba la cena en la cocina.
 b. Fumaba un cigarrillo en su dormitorio.
 c. Nadaba en la piscina del jardín.
 d. Leía un libro sobre las teorías de Marx en la biblioteca.

Preguntas

1. ¿Quién es Juan Sabelotodo?
2. ¿Quién le informó a Juan que la duquesa estaba muerta?
3. ¿Qué guardaba en la mano la víctima?
4. ¿Con qué se tropezó el policía?
5. ¿Qué encontró el Inspector en el sofá?
6. Según el duque, ¿quién no ha querido nunca a la duquesa?
7. ¿De qué acusó Sofía al duque?
8. Según la criada, ¿cómo trataba la duquesa a su amante?
9. ¿Qué pensaba la criada de la duquesa?
10. ¿Cómo sabe el detective que él es un hombre brillante?

Usted es el detective

¿Quién mató realmente a la duquesa? ¿Fue sólo una persona o fueron varias? Haga el papel de detective y, con su «increíble inteligencia», descubra quién fue el asesino / la asesina, cuál pudo haber sido el motivo y cuál es el indicio que usted encontró para descubrir al culpable. Varios estudiantes leerán sus soluciones y la clase decidirá cuál es la mejor.

Gramática

Conteste las preguntas siguientes con el uso de **hacer** + una expresión de tiempo.

1. ¿Cuánto tiempo hace que usted estudia español?
2. ¿Cuánto tiempo hace que usted vive en esta ciudad (o en este pueblo)?
3. ¿Cuánto tiempo hace que la criada del cuento trabaja para la duquesa?
4. ¿Cuánto tiempo hace que los duques llevan vidas separadas?
5. ¿Cuántos minutos hace que trabajamos en este ejercicio? (¿Demasiados?)

Historia en dibujos: *EL DETECTIVE SOLUCIONA EL CRIMEN*

Mire usted el dibujo de Quino (páginas 119–120), el famoso dibujante argentino. Usando su imaginación, el vocabulario del capítulo y la lista de vocabulario suplementario, invente usted una historia para acompañar la ilustración.

QUINO

VOCABULARIO SUPLEMENTARIO

el collar	necklace	**la huella digital**	fingerprint
la lupa	magnifying glass	**romper (roto)**	to break (broken)
la caja fuerte	the safe	**él mismo**	he himself

El enigma de las ciudades abandonadas

Anticipación

El siguiente artículo trata de un misterio del pasado relacionado con la civilización maya. Muchos arqueólogos y antropólogos han estudiado esta fascinante civilización y han formulado varias teorías para explicar su súbita y misteriosa desaparición. ¿Qué sabe usted de los mayas?

Mire las fotos y trate de adivinar el significado de la lista de palabras y expresiones claves.

Palabras y expresiones claves

las ruinas	**la superpoblación**
una plaga	**estar de moda**
sobrevivir	**los jeroglíficos**
la despoblación	**descifrar**

Antes de leer el artículo, repase los tiempos compuestos de los verbos en la sección de Verbos, páginas 175–193. Luego, lea para aprender más sobre las misteriosas ruinas de los mayas.

 El enigma de las ciudades abandonadas

Por las densas junglas de Centroamérica se extienden las ruinas de centenares° de antiguas ciudades de piedra. Tikal en Guatemala, con sus altas pirámides como rascacielos° prehistóricos; Copán en Honduras, con su magnífica acró-
5 polis y juego de pelota°; Palenque en México, con sus acueductos, palacios y murales; Bonampak; Piedras Negras; y muchas otras. Son los restos de la gran civilización maya, que floreció° de 600 a.C.° a 850 d.C.° En nuestro siglo muchos arqueólogos han estudiado las ruinas y han determi-
10 nado que las ciudades fueron abandonadas súbita° y misteriosamente alrededor del año 850 d.C.

¿Adónde fueron los tres o cuatro millones de mayas que, según cálculos de los expertos, habían vivido en la región? ¿Por qué, en el pináculo de su cultura, abandonaron ciuda-
15 des que habrían requerido un trabajo de siglos para construirse?

hundreds
edificios muy altos

juego... *ball court*

prosperó / antes de Cristo / después de Cristo

suddenly

Estas preguntas son unos de los enigmas de la antropología moderna. Hay muchas teorías, ninguna completamente satisfactoria. Una de las más populares es la idea de que
20 hubo una invasión de tribus° extranjeras. Pero, ¿por qué no habrían ocupado las ciudades los invasores,° después de tomarse el trabajo de conquistarlas? Otra teoría es la de una epidemia, como las plagas que devastaron Europa en la Edad Media.° Pero muchos expertos mantienen que una
25 epidemia no habría sido suficiente para causar un colapso tan rápido y completo. Un cambio de clima — quizás una larga sequía° — es otra posibilidad. Sin embargo, los mayas habían sobrevivido a muchas sequías en el pasado.

Un aspecto misterioso del problema es la brusquedad°
30 con que los mayas abandonaron las ciudades. ¿Por qué, en algunos lugares, dejaron edificios parcialmente construidos? Ciertos antropólogos creen que los habrán dejado así a causa de algún desastre natural. Pero la evidencia no es

tribes

invaders

Edad... *Middle Ages*

período sin lluvia

abruptness

Pirámide con templo, Tikal, Guatemala.

Representación de un dios maya, Palenque, México.

muy convincente. No hay volcanes activos en la región, los
35 terremotos° que ocurren no son severos y un huracán no   temblores violentos de la tierra
habría afectado un área tan grande.

Algunos expertos opinan que la decadencia maya, como
la de Roma, se habrá debido a causas internas: rebeliones
de la clase baja contra la clase alta. La mayor objeción a
40 esta teoría es que no explica la despoblación del área.
Otros antropólogos sugieren° una causa económica: alguna   *suggest*
interrupción en las rutas del comercio o el progresivo ago-
tamiento° de la tierra a causa de la agricultura intensiva.   destrucción
Otra vez se puede preguntar: ¿por qué habrían ocurrido es-
45 tos problemas tan bruscamente?

Una variante del tema es la idea de la superpoblación.
Algunos creen ver en el extraño colapso de la espléndida y
complicada civilización maya una lección para el mundo de
hoy: hay que° respetar los límites del medio ambiente. Se-   **hay...** es necesario
50 gún esta teoría, la población maya creció° demasiado rápi-   *grew*
damente con relación a su base económica y por eso pereció.°   murió

También está de moda hoy una explicación que muchos
llamarían una fantasía. Como el origen de los mayas es
también un misterio, hay personas que creen que los mayas
55 habían venido de otro planeta y que, después de vivir va-
rios siglos aquí, volvieron, quizás en naves espaciales° o por   **naves...** *spaceships*
algún modo demasiado avanzado para nuestra imaginación.

¿Adónde habrán ido los habitantes de las ciudades abandonadas? ¿Qué problemas habrán tenido en sus últimos
60 años? Quizás la contestación a estas preguntas está en los
jeroglíficos que todavía no hemos podido descifrar. Por el
momento, las majestuosas ciudades mayas permanecen en
silencio, un enigma para el mundo moderno.

Comprensión de la lectura: ¿CIERTO O FALSO?

Para cada frase, escriba **cierto** o **falso** con respecto a los mayas. Si la frase es falsa, explique
por qué.

1. _____ Las ruinas de las antiguas ciudades mayas se encuentran en México, Honduras y Perú.
2. _____ Las ciudades fueron abandonadas por los mayas en el siglo XVI d.C.
3. _____ Según los cálculos de los expertos, tres o cuatro millones de mayas habrán vivido
en la región de las ciudades.
4. _____ Algunos antropólogos dicen que una epidemia no habría causado un colapso tan
gradual.
5. _____ Muchos antropólogos no aceptan la teoría de un cambio de clima porque los mayas habían sobrevivido a otros cambios de clima en el pasado.
6. _____ Según algunos expertos, un problema económico causó el colapso de la civilización maya.

Preguntas

1. ¿Cómo se llaman algunas de las ciudades mayas? ¿Dónde se encuentran? ¿Sabía usted algo sobre estas ciudades antes de leer el artículo?
2. ¿Por qué no han aceptado muchas personas la teoría de una invasión para explicar el abandono de las ciudades mayas?
3. ¿Ha experimentado usted un terremoto, un huracán o algún otro desastre natural? ¿Cree usted que un desastre de este tipo habrá causado la ruina de los mayas?
4. ¿Cuáles son las «causas internas» responsables de la decadencia maya, según ciertos antropólogos? ¿Qué objeción existe a esta idea?
5. ¿Qué lección para nuestra sociedad ven algunos expertos en el brusco colapso de la civilización maya?
6. ¿Qué explicación está muy de moda hoy? ¿Cree usted que esta teoría es una verdadera posibilidad o pura fantasía?

Vocabulario: COGNADOS

Escriba las palabras equivalentes en inglés.

1. estudiar   _____
2. especial   _____
3. espacio (*sustantivo*)   _____
4. espacial (*adjetivo*)   _____

5. espléndida   _____
6. espíritu   _____
7. estilo   _____

Gramática: EL USO DEL FUTURO PERFECTO Y EL CONDICIONAL PERFECTO

Traduzca al inglés las siguientes oraciones tomadas del artículo, expresando la idea de posibilidad o probabilidad.

> MODELO   Ciertos antropólogos creen que los habrán dejado así a causa de algún desastre natural. (líneas 32–33)
>
> **Certain anthropologists believe that they left them like that because of some natural disaster.**

1. ¿Por qué, en el pináculo de su cultura, abandonaron ciudades que habrían requerido un trabajo de siglos para construirse? (líneas 14–16)
2. Algunos expertos opinan que la decadencia maya, como la de Roma, se habrá debido a causas internas: rebeliones de la clase baja contra la clase alta. (líneas 37–39)
3. ¿Adónde habrán ido los habitantes de las ciudades abandonadas? (líneas 58–59)
4. ¿Qué problemas habrán tenido en sus últimos años? (líneas 59–60)

Opiniones

1. ¿Sabe usted por qué fueron abandonadas las ciudades de Pompeya y Troya en tiempos antiguos? ¿O por qué motivo fueron abandonadas algunas de las ciudades en el oeste de Estados Unidos en tiempos más modernos?
2. ¿Por qué cree usted que muchas personas han abandonado el centro de las ciudades grandes?
3. ¿Dónde prefiere vivir usted — en una ciudad grande o pequeña? ¿o en el campo? ¿Por qué?

Crucigrama

¡Un famoso detective dice que él ha descubierto la causa del misterioso colapso de la civilización maya! Para saberlo, (1) solucione el crucigrama y (2) llene los espacios abajo con las letras de los cuadros numerados. (Recuerde que *ch* es una sola letra en español.)

HORIZONTALES

1. Montaña de donde sale lava y fuego; produce a veces una catástrofe para la gente que vive cerca.
6. Nombre de una de las ciudades abandonadas por los mayas.
10. Grupo de imágenes o ideas, generalmente incoherentes, que se presentan cuando estamos dormidos.
12. Restos de una ciudad o un edificio arruinado.
15. Mujer que trabaja en arqueología.
18. Cosa que indica algo; en las historias sobre crímenes, es la cosa que ayuda al detective a solucionar el caso.

VERTICALES

2. Hombre que ha asesinado a alguien.
3. Acto malo e ilegal.
4. Lo opuesto de despertar.
5. Nombre de una famosa civilización de indios que abandonó muchas ciudades en el Yucatán hace más de mil años.
8. Hombre que da motivo de sospecha.
9. Parte del título de este capítulo.

La causa del misterioso colapso de la civilización maya:

M __ __ __   S __ __ __ __ __
  2 17 7   16 11 12 14 13

LISTA DE VOCABULARIO

adquirir
antropólogo/a
aparecer
arqueólogo/a
asesinar
asesino/a
biblioteca
cerebro
científico/a
cocina
comedor
comprobar
crimen
culpa
culpable

descifrar
descubierto
descubrir
despertar
despertarse
despierto/a
despoblación
detective
dormido/a
dormir
dormirse
dormitorio
encontrar
enigma
espíritu

fantasma
hallar
heredar
hipótesis
indicar
indicio
inspector/a
investigación
jeroglíficos
laboratorio
medio ambiente
mentira
misterio
misterioso/a
olvidar

piscina
plaga
resolver
robar
ruinas
salón
sobrevivir
solucionar
soñar
sospechoso/a
súbitamente
súbito/a
sueño
teoría
verdad

Modismos y expresiones

de repente
estar de moda
la novela de misterio

la película de suspenso
lo heredado (lo + *adj*)

tener la culpa (de)
tener sentido

tener sueño
tener un sueño

CAPÍTULO SIETE

El mundo de los viajes

Formal Commands and
the Subjunctive Tenses

Presentación de vocabulario
LOS VIAJES

Aprenda usted estas palabras importantes relacionadas con el tema del capítulo. Los cognados y casi cognados no están traducidos al inglés.

En el restaurante

pedir (i)	to order	**la comida**	food
el camarero		**la camarera**	
(mozo, mesero)	waiter	**(moza, mesera)**	waitress
el café		**el té**	
con crema	with cream	**con azúcar**	with sugar
una bebida	a drink	**un refresco**	a soft drink
el vino (blanco, tinto)	(white, red) wine	**la cerveza**	beer
picante	hot, spicy	**suave**	bland
caliente	hot	**frío/a**	cold
pagar la cuenta	to pay the bill	**dejar la propina**	to leave the tip
delicioso/a			

CÓMO DECIR *HOT* EN ESPAÑOL

In Spanish there is a difference between *hot* (referring to temperature) and *hot* (meaning *spicy*). **La sopa está caliente** means that the soup is hot, not cold. **La sopa está picante** means that the soup is spicy. **Picar** means *to sting,* so **picante** literally means *biting, stinging.*

El menú

la ensalada		**la sopa**	
el pescado	fish	**los mariscos**	shellfish, seafood
las papas (o las patatas)		**el arroz**	rice
la sal, la pimienta		**los huevos**	eggs
el postre	dessert		

la carne (de vaca o de res, de cordero, de puerco)   meat (beef, lamb, pork)
el pollo (frito, asado, a la parrilla)   (fried, roasted, grilled) chicken
un sándwich, bocadillo (de jamón)   a (ham) sandwich
un vaso de agua (leche, jugo)   a glass of water (milk, juice)

En el mercado

las verduras	vegetables	**las frutas**	
la manzana	apple	**la naranja**	orange
el plátano, la banana		**el queso**	cheese
el pan	bread	**la mantequilla**	butter
los dulces	sweets, candies	**comprar**	to buy

MERCADOS Y SUPERMERCADOS

In Spain and Latin America there are many open-air markets where a variety of foods and other goods can be bought at low prices. In large cities you can find some American-style supermarkets, but they are not as cheap nor as well stocked as the ones in Canada and the United States. For economical lunches or picnics, as well as for the cultural experience, a trip to the outdoor market is well worthwhile.

En la tienda de ropa

la camisa	shirt	**la camiseta**	T-shirt
la blusa		**el suéter**	
la falda	skirt	**el impermeable**	raincoat
la chaqueta	jacket	**el abrigo**	coat
los pantalones	pants	**los zapatos**	shoes
el traje	suit	**el traje de baño**	bathing suit
llevar, usar	to wear	**el dependiente / la dependienta**	sales clerk

En el hotel

un cuarto de baño (privado)	a (private) bathroom
un cuarto sencillo (doble)	a single (double) room
las maletas	suitcases
la playa	beach

Modismos y expresiones

un billete (boleto) de ida y vuelta	a round-trip ticket
¿Cuánto cuesta?	How much does it cost?
dinero en efectivo	cash
Quisiera... Quisiéramos...	I would like . . . We would like . . .
una tarjeta de crédito	a credit card

Práctica de vocabulario

Llenar los blancos

Llene los blancos con palabras o frases apropiadas.

1. No me gusta el vino blanco. Prefiero el vino _____.
2. No tengo dinero en efectivo. ¿Aceptan ustedes las _____?
3. La comida mexicana es muy sabrosa, pero mi estómago no la tolera. Es demasiado _____.
4. El camarero es muy simpático. Vamos a dejarle una buena _____.
5. Esta falda es muy linda. ¿Cuánto _____, señorita?
6. Deseo comprar unos nuevos pantalones. Vamos a la tienda de _____.
7. En general, a los norteamericanos les gusta comer _____ con el pan.
8. Necesito un cuarto _____ para mi esposo/a y yo y un cuarto _____ para nuestro hijo.
9. Hace frío. Debes llevar un _____ o una _____ si vas a salir.
10. No como ni carne ni pescado. Prefiero comer _____.

Formación de frases

Haga oraciones de las siguientes palabras, agregando otras palabras para completarlas. (Hay varias maneras diferentes de hacerlo. Mire abajo tres posibilidades para el modelo.)

> MODELO   Tomás / comer / carne / papas
> **Tomás comió una sabrosa carne de vaca con papas fritas.**
> **Tomás siempre come carne de cordero y papas.**
> **Tomás ha comido mucha carne y pocas papas.**

1. La dependienta / traer / zapatos
2. Mis amigos / pedir / cerveza / restaurante
3. Ana y yo / ir / playa
4. (Yo) / comprar / camisetas / hermanos
5. La familia / necesitar / cuarto / baño
6. Usted / llevar / impermeable / salir / lluvia
7. (Nosotros) / comer / sopa / pollo
8. El camarero / servir / sándwiches / jamón / queso

En escena: ¿Qué se dice?

Invente usted varias frases y preguntas apropiadas para estas situaciones:

A. Un picnic en el campo

Usted y un/a amigo/a van a hacer un picnic y desean comprar comida. Ahora están en el mercado. ¿Qué se dice...

1. al hombre que vende frutas?
2. a la mujer que vende queso?

B. En la recepción del hotel

Usted llega a un hotel cerca de una linda playa y desea pasar tres noches allí. ¿Qué se dice...

1. a la persona que está en la recepción?
2. a una pareja española que está en el hotel?

C. En la tienda de ropa

Usted llega a una tienda de ropa y quiere comprar regalos para tres amigos: un hombre, una mujer y una niña. ¿Qué se dice...

1. a la dependienta?
2. a un turista latinoamericano que también busca regalos?

D. La cena en un restaurante

A las ocho de la noche, usted va con un/a amigo/a al restaurante Los Tres Pinos para cenar. ¿Qué se dice...

1. al hombre que los (las) recibe en la puerta?
2. al camarero?

Actividad en grupo Los viajes

Trabajen en grupos de tres personas para preparar una de las escenas de arriba. Cada persona hará un papel (el camarero, la dependienta, el turista, etcétera). Luego ustedes presentarán la escena a la clase.

 # «Perdone, ¿dónde está el excusado?» y otros eufemismos

El eufemismo es un modo de expresar con suavidad conceptos desagradables. En vez de decir que la señora es vieja, decimos que es «mayor» o «entrada en años». El niño no es gordo, es «grande» o «grueso», y el científico no mata a los ratones en sus experimentos, los «sacrifica».

En todos los hoteles, restaurantes o casas particulares hay un cuarto especial al cual nos referimos siempre con eufemismos. Decimos, «Fulano fue al lavabo (o al lavatorio)», aun cuando sabemos que no fue con intenciones de lavarse. Otros eufemismos que se emplean comunmente para hablar de este cuarto son «el servicio» y «el excusado». (La última palabra demuestra claramente el uso del eufemismo para la etiqueta.) Las personas muy delicadas preguntan por «el cuarto para las damas» o «el cuarto para los caballeros».

Cuando viajamos por países hispanos, podemos emplear cualquiera de estos eufemismos, pero quizás la frase más fácil es, «¿Dónde está el cuarto de baño?», una frase útil y correcta aun cuando no tengamos ningún deseo de bañarnos.

 **Chistes**

El problema europeo

Un norteamericano que nunca había salido de su pueblo
hizo un viaje de dos semanas a Europa. Cuando volvió, sus
amigos le preguntaron si le había gustado Europa.

5 — Francamente, no me gustó — respondió —. ¡Está
completamente llena de extranjeros°!   *foreigners*

Un contraste político

Un norteamericano decidió viajar a la Unión Soviética porque quería ver otro sistema político. Después de pasar va-

10 rias semanas allí todavía no comprendía la cultura. Entró
en un café y preguntó a un ruso° que estaba sentado allí,   *Russian*
tomando vodka, — ¿Puede usted explicarme la diferencia
entre el sistema ruso y el sistema de mi país?

— Compañero,° — le contestó el ruso — el capitalismo   *Comrade*
15 es la explotación° del hombre por el hombre.   *exploitation*

— Bueno, — dijo el norteamericano — ¿y el comunismo?

— El comunismo — le respondió el ruso — es lo contra-
rio.°   **lo...** *the opposite*

 **Las seis reglas del turista sabio**

*¿Desea usted viajar algún día por España o Latinoamérica?
Muy bien. Un mundo fascinante y exótico lo/la espera. Las
siguientes ilustraciones muestran seis problemas que a veces
tienen los turistas. Cada ilustración está acompañada de
una regla. Lea estas reglas y sígalas para evitar problemas.
¡Buen viaje!*

Una guía para el viajero norteamericano en países hispanos

1. Tenga cuidado con la comida y con las
bebidas. Coma poco y no tome bebidas
alcohólicas, café, té ni Coca-Cola durante
el viaje en avión. Tome, en cambio, jugos
y agua. Así usted evitará los malos

efectos de *jet lag*. Observe las mismas precauciones durante los primeros días en el país de destino, especialmente si hay un cambio de altitud. Siempre pregunte si el agua es potable y, si no, use solamente el agua de botella.

2. No lleve demasiado. Prepare dos maletas pequeñas en vez de una grande. Lleve ropa sencilla y lavable a mano. Use una chaqueta o impermeable y un suéter en vez de un abrigo pesado. No lleve joyería cara ni otros objetos de lujo. Hay mucha gente pobre y estas cosas pueden servir como una tentación al robo. Y no se olvide de dejar espacio en la maleta para los regalos y recuerdos.

3. Recuerde las diferencias de tiempo y de clima. Si usted viaja del hemisferio del norte al hemisferio del sur, prepárese para encontrar otra estación del año. En Argentina, Uruguay y Chile, por ejemplo, es verano en diciembre, enero y febrero. En algunos países, como México, las estaciones son las mismas, pero hay mucha lluvia en ciertos meses. Es una buena idea llevar un paraguas o un impermeable.

4. Trate de hablar en español. Sea valiente. En general la gente hispana es simpática. Le encanta hablar en su lengua con extranjeros. Es costumbre en países de habla española saludar a la gente antes de pedir algo. Empiece así: **«Buenos días (o Buenas tardes), señor (o señorita o señora)»** y luego continúe con lo que usted quiere expresar: **«Deseo comprar (o tener o comer)...»** Si usted tiene un problema y necesita llamarle la atención a alguien, la fórmula mágica es **«Oiga, señor (o señorita o señora). ¿Puede usted ayudarme?»**

5. Infórmese sobre las horas de comer del país. Generalmente en los países de habla española se sirve el desayuno más o menos a la misma hora que en Norteamérica. Pero la comida (que es más fuerte que un simple «almuerzo») se sirve a las dos de la tarde y la cena a las ocho o nueve de la noche. (En Madrid, se toma la cena ¡a las diez de la noche!) Si usted no puede comunicarle esta información a su estómago, no hay problema. Imite a los hispanos. Dé un paseo a las cinco o seis de la tarde, como ellos, y coma algo en la calle.

6. No tenga miedo de probar los sabrosos platos típicos de mariscos, pescados, verduras y carne. En algunas regiones hay también deliciosas frutas desconocidas en Estados Unidos y Canadá: chirimoya, guayaba, anón, mamey, zapote y otras. Si usted está en un país donde la comida tiene reputación de causarles problemas a los turistas, evite las ensaladas y los alimentos crudos. Pida sopas y otros platos bien cocidos. Coma solamente frutas con cáscara, y quíteles la cáscara antes de comerlas. Tome estas precauciones y usted gozará de la rica variedad de la comida hispana.

Descripción de los dibujos

Mire los dibujos y conteste las siguientes preguntas sobre cada uno:

1. ¿Qué pasa? ¿Qué problema tiene(n) el (la, los) turista(s)?
2. ¿Cómo puede(n) resolver su problema o evitarlo para el próximo viaje?

Preguntas

1. Cuando usted no está seguro/a si el agua es potable, ¿qué debe hacer? ¿En qué países hispanos hay este tipo de problema?
2. ¿Qué son los «objetos de lujo»? ¿Por qué no debemos llevarlos en un viaje? En su opinión, ¿qué cosas son robadas con más frecuencia?
3. Para un viaje, ¿cuál prefiere usted — un paraguas o un impermeable? ¿Por qué?
4. ¿Cuál es la «fórmula mágica» en español para llamarle la atención a alguien? ¿Qué otras frases cree usted que son útiles para un viajero?
5. ¿A qué hora cena usted generalmente? ¿A qué hora cenan los madrileños? ¿Qué podría usted hacer en Madrid para «sobrevivir» hasta la hora de la cena?
6. ¿Ha probado usted la paella española? ¿los tacos, los burritos, las enchiladas u otros platos típicos de México? ¿Qué comería usted en un viaje por el mundo hispano?

Gramática: MANDATOS

Haga mandatos afirmativos y negativos de las siguientes frases, empleando la tercera persona singular del subjuntivo. Convierta los sustantivos en pronombres cuando sea necesario.

MODELO	llevar ropa vieja	**Llévela usted.**	**No la lleve usted.**
	lavarse	**Lávese usted.**	**No se lave usted.**

1. comer _____ _____
2. comprar obras de arte _____ _____
3. pedir una enchilada _____ _____
4. preguntar _____ _____
5. llevar el traje _____ _____
6. escribir su nombre _____ _____
7. buscar una tienda _____ _____

Composición: INVENCIÓN DE REGLAS

Invente tres reglas más para el/la turista sabio/a, empleando el mandato formal (**usted**). Si quiere, puede utilizar el vocabulario suplementario.

VOCABULARIO SUPLEMENTARIO

---

comprar o llevarse (*to take*)
  recuerdos
decir «por favor» y «gracias»
dejar propina

expresar opiniones políticas
pedir instrucciones (*directions*)
sacar (*to take*) **fotografías**
tirar basura (*garbage, litter*)

 # Toda Sudamérica en veintiún días

Anticipación

Todo el mundo tiene una idea un poco diferente del «viaje perfecto». La siguiente selección, adaptada de un panfleto turístico, presenta la descripción de un posible viaje por Sudamérica con visitas a cinco lugares distintos. Mire las fotos y subtítulos. ¿Cree usted que se han incluído los sitios más interesantes?

Antes de leer la selección, mire la siguiente lista y trate de adivinar los significados de las palabras y expresiones.

Palabras y expresiones claves

una excursión	hecho/a a mano
la plaza	cafés al aire libre
un recuerdo	los clubes nocturnos
la artesanía	las cataratas (cascadas)
la joyería (de oro, de plata)	tomar sol

 Toda Sudamérica en veintiún días

AGENCIA DE VIAJES: EXCURSIONES «AVENTURAS»

Precio: 3.890° dólares americanos $3,890

Es posible que usted piense que se trata de una excursión
como otras. Pero no, es diferente.
Créanos.
¡Venga con nosotros a visitar un mundo fascinante!
5 Fecha° de salida: 20 de noviembre   día y mes
Fecha de regreso: 11 de diciembre
El precio incluye: los billetes de avión, ida y vuelta; hoteles;
comidas (pero no bebidas); y todo el transporte entre ciudades.
10 EXCURSIONES «AVENTURAS» le propone el siguiente
itinerario:

20 de noviembre: Salida de Miami

La presencia del pasado colonial

Es difícil que usted encuentre en otro lugar tanta mezcla de
lo antiguo y de lo nuevo: caserones° con maravillosos balco-   casas muy grandes
15 nes del siglo XVII cerca de enormes rascacielos,° viejas pla-   edificios muy altos
zas frente a grandes hoteles modernos. Para darse una idea
de la belleza de esta antigua capital del imperio español en
Sudamérica, sólo es necesario que usted visite el Palacio
Torre Tagle, el Museo del Oro° Peruano y la Plaza de Ar-   *Gold*
20 mas. Además, el/la turista que busque regalos y recuerdos
verá que éste es el paraíso de las compras. No se olvide que
en Perú las artesanías son un orgullo° nacional: joyería de   *pride*
oro y de plata, mantas° y ponchos de lana° de llama o   *blankets / wool*
de alpaca, chaquetas, abrigos. Y todo hecho a mano,° y a   **a...** *by hand*
25 precios razonables.

El rico tesoro indígena° de Perú

native

Cuzco es la antigua capital del imperio incaico,° una de las
grandes civilizaciones indígenas del mundo. No es necesario que usted lea libros para conocer las maravillas que de-
30 jaron los incas. Con sus propios ojos podrá admirar las
murallas de piedra° de la Fortaleza de Sacsahuaman, los
Baños Rituales, el Templo del Sol y muchas otras obras.

de los incas

murallas... *stone walls*

Luego usted hará una excursión en tren a través del sa-
grado° Valle del Río Urubamba, hasta las famosas ruinas de
35 Machu Picchu. No hay otro lugar arqueológico que pueda
compararse en belleza con esta fabulosa ciudad, olvidada
en las alturas° de los Andes durante 400 años y redescu-
bierta en 1911. Templos, palacios, torres, fuentes°: todo rodeado de picos de montañas que crean el ambiente° de una
40 sociedad situada en el cielo.

sacred

las... los lugares elevados
fountains
atmósfera

La capital más grande de Sudamérica

¡Qué sorpresa le espera a usted en Buenos Aires, la más grande y cosmopolita de las capitales sudamericanas! Es una ciudad enorme, de anchas° avenidas, cafés al aire libre   *broad*
45 y tiendas elegantes. La vida nocturna es tan variada que usted querrá que cada noche tenga cuarenta horas. ¿Le interesa la ópera? Quizás pueda asistir a una velada° en el   *presentación*
Teatro Colón, uno de los mejores del mundo. Pero es posible que usted prefiera la música folklórica. Pues, hay un
50 gran número de clubes nocturnos donde se puede tomar una copa° y escuchar música folklórica y el famoso tango   *bebida alcohólica*
argentino. Si le gusta la carne de vaca, es preciso que usted vaya a comer una «parrillada» en alguno de los restaurantes típicos. Y los viajeros que buscan recuerdos encontrarán en
55 las tiendas de Buenos Aires verdaderas gangas° en los obje-   *bargains*
tos de cuero°: chaquetas, abrigos, faldas, pantalones y mu-   *leather*
cho más.

NOTA DE VOCABULARIO: **-DAD** = **-TY**

Many Spanish nouns that end in **-dad** or **-tad** correspond to English nouns ending in *-ty*. (There are often small spelling differences, too.) For example: **ciudad** = *city*, **comunidad** = *community*. Can you give the Spanish equivalents used in the article for *society* and *possibility*?

2 al 4 de diciembre: Las Cataratas del Iguazú (Argentina y Brasil)

Un fenómeno de la naturaleza

Parece mentira que puedan existir cataratas más altas y
60 más impresionantes que las Cataratas del Niágara, pero allí
están. Véalas usted desde el lado argentino y desde el brasi-
leño, y decida cuál es la mejor vista. Son 275 cascadas° que   caídas pequeñas de agua
se juntan para formar una media luna° que tiene una milla   **media...** semicírculo
y media de extensión.
65   Camine debajo de las cascadas, alquile° caballos o un bo-   rent
te. O simplemente dé un paseo por el Parque de Iguazú,
donde abundan mariposas,° flores y pájaros de todos los   butterflies
colores. Será fácil que usted se imagine en el paraíso. Realmente, las Cataratas del Iguazú son uno de los grandes fe-
70 nómenos naturales del mundo.

Un descanso en la playa

Al llegar a esta pintoresca ciudad, usted no dudará de que
es el sitio perfecto para descansar y tomar sol después de
su largo viaje.

75   Cartagena le ofrece hermosas playas, arena blanca, mar
azul. Para el/la turista que tenga ganas de caminar un poco,
hay muchas posibilidades para divertirse. Cartagena es el
puerto más interesante del Caribe sudamericano, con una
historia que vive todavía. Camine por la vieja ciudad amu-
80 rallada,° visite la fortaleza construida para defender a la   rodeada de murallas
ciudad de los piratas, dé un paseo por el puerto de pesca-
dores° y pruebe una comida de mariscos o pescado.   *fishermen*

11 de diciembre: Regreso a Miami ¡Adiós! ¡Hasta pronto!

Comprensión de la lectura: *¿DÓNDE ESTAMOS?*

Después de leer la descripción de la excursión a Sudamérica, diga en qué lugar se pueden encontrar las siguientes cosas:

1. cafés al aire libre y lugares donde se toca el tango
2. viejas fortalezas construidas para defender a la ciudad de los piratas
3. joyería de oro y plata, y ponchos de lana de alpaca que se venden a precios razonables
4. un gran parque lleno de mariposas, flores y pájaros de todos colores
5. las ruinas de los Baños Rituales y del Templo del Sol de los incas
6. el famoso Teatro Colón y verdaderas gangas en la ropa de cuero
7. caserones del siglo XVII y el Palacio Torre Tagle

Preguntas

1. ¿Cuánto cuesta la excursión a Sudamérica? ¿Qué está incluido en el precio? ¿Cree usted que es probable que la agencia pida demasiado dinero?
2. ¿Por qué es Lima un paraíso para el/la turista que busque regalos y recuerdos? ¿Qué compraría usted en ella?
3. ¿Qué es Machu Picchu? ¿Le gustaría a usted ir allá algún día o no? ¿Por qué?
4. ¿Preferiría ir usted a Buenos Aires o a las Cataratas del Iguazú? ¿Por qué?
5. ¿Qué haría usted si fuera a Cartagena? ¿Por qué cree usted que organizaron la excursión para que Cartagena fuera el último lugar y no el primero?

Gramática: *USOS DEL SUBJUNTIVO*

Cada una de las siguientes frases tomadas del artículo contiene un verbo en el presente del subjuntivo. Subraye estos verbos y traduzca las frases al inglés.

1. Es posible que usted piense que se trata de una excursión como otras.
2. Además, el/la turista que busque regalos y recuerdos verá que éste es el paraíso de las compras.
3. No es necesario que usted lea libros para conocer las maravillas que dejaron los incas.
4. La vida nocturna es tan variada que usted querrá que cada noche tenga cuarenta horas.

Gramática: *¿INDICATIVO O SUBJUNTIVO?*

Escoja el indicativo o el subjuntivo para cada frase y explique por qué.

1. Es difícil que usted (encuentra / encuentre) en otro lugar tanta mezcla de lo antiguo y de lo nuevo.
2. No hay ningún otro lugar arqueológico que (puede / pueda) compararse en belleza con esta fabulosa ciudad.
3. ¡Qué sorpresa le (espera / espere) a usted en Buenos Aires!
4. Pero es posible que usted (prefiere / prefiera) la música folklórica.
5. Si le gusta la carne, es preciso que (va / vaya) a comer a alguno de los restaurantes típicos.
6. Dé un paseo por el Parque de Iguazú, donde (abundan / abunden) flores, mariposas y pájaros de todos colores.
7. Será fácil que usted se (imagina / imagine) en el paraíso.
8. Al llegar a esta ciudad pintoresca, usted no dudará de que (es / sea) el sitio perfecto para descansar...
9. Para el/la turista que (tiene / tenga) ganas de caminar, hay muchas posibilidades.

Vocabulario

Traduzca al español.

1. *opportunity* _____
2. *difficulty* _____
3. *facility* _____
4. *society* _____
5. *cruelty* _____

Discusión

1. ¿Es posible que usted vaya a Sudamérica algún día? ¿Preferiría usted ir con una excursión como ésta o no? ¿Por qué?
2. ¿Ha visto usted algún «fenómeno de la naturaleza»? ¿Cuál? ¿Qué le pareció?

Opiniones: *¿UN MAPA DIFERENTE?*

¿Qué opina usted de este mapa (página 145)? Hace poco que esta versión nueva y original del mapa de las Américas se circula en varias partes de Estados Unidos. Mírelo unos minutos. Luego, conteste las preguntas.

1. ¿Por qué es diferente este mapa?
2. ¿Es geográficamente correcto o no? ¿Por qué?
3. En su opinión, ¿qué quieren los autores de este mapa que nosotros comprendamos?

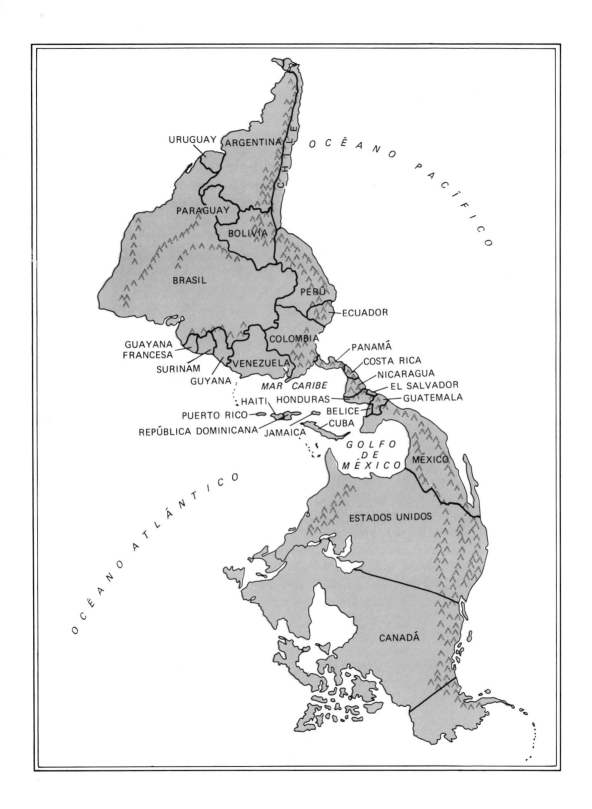

¿Turismo o industria?

Anticipación

El siguiente artículo, tomado de una revista, presenta un aspecto polémico del turismo español. Mire usted el título, las fotos y la lista de palabras y expresiones claves. ¿Por qué cree usted que hay un conflicto entre el turismo y la industria en España? ¿Cree usted que este conflicto también existe en otros países?

Busque los cognados y casi cognados en la lista. Trate de explicar en español el significado de las palabras y expresiones. Luego, lea el artículo para aprender más sobre esta controversia.

Palabras y expresiones claves

las fábricas	un negocio
los partidarios (defensores)	los consumidores
contaminar	«humillante, servil y colonizador»
beneficioso	los detractores

 ¿Turismo o industria?

¿Hoteles o chimeneas? ¿Camareros o trabajadores de fábricas? ¿Hay que «vender» sol y playas o, por el contrario, exportar automóviles y barcos?

Sí: «ser o no ser» un país eminentemente turístico o emi-
5 nentemente industrial es el dilema, la duda hamletiana° de   **duda...** *Hamlet-like doubt*
España en el momento actual. Algunos, como el economista
Manuel Funes Robert, ven el turismo como la clave° del de-   *key*
sarrollo económico: «Hasta donde llegue el turismo,° llegará   **Hasta...** *As far as tourism goes*
el desarrollo». Estos partidarios del turismo tienen miedo
10 de que la acelerada construcción de fábricas vaya a contaminar más el agua, el aire y las playas. Pero, por otra parte,
hay muchos partidarios de la industria que atacan con violencia al turismo.

Desde el punto de vista económico, muchos comienzan a
15 dudar de que el turismo sea tan beneficioso. Dicen que es
un negocio «frágil», ya que° durante muchos meses del año   **ya...** *since*
se paralizan sus actividades y deja a un gran número de
trabajadores sin empleo.°   *trabajo*

Otros expertos no están de acuerdo. «No se puede hablar
20 de fragilidad — explica el escritor Ángel Palomino — en
un negocio que hace sus programas de viajes con dos a tres
años de anticipación° y que tiene un mercado mundial cal-   **de...** *in advance*

culado en más de 170 millones de consumidores, de los
cuales una sexta parte° viene a España». Y nadie niega° que
25 el turismo está hoy entre las primeras actividades exportadoras del país.

    De acuerdo. Aun concediendo que el turismo haya sido
un milagro° económico en el pasado, ¿debemos continuar
basando nuestra economía y nuestro futuro en él? «¿Qué
30 pasaría si el turismo se fuera a otra parte?» preguntan los
acusadores.

    Interviene° nuevamente el escritor Palomino por la de-
fensa: «No es tan fácil. Yo no temo° que nuestros millones
de visitantes se vayan tan pronto. Si el año pasado estos
35 millones de turistas hubieran ido a Roma, Belgrado o Atenas, no habrían encontrado las habitaciones° necesarias
para alojarse.° Son tantos° que no tienen dónde ir».

    «¿Y qué pasaría si se produjera° una guerra?»

    «¿Una guerra? — pregunta Palomino —. En el período
40 entre 1950 y 1970, en el que no ha habido ni un sólo día

una... *one-sixth / denies*

miracle

Habla
tengo miedo de

cuartos
to stay in / so many
se... *took place*

de paz, fue precisamente cuando se produjo el *boom* del turismo mundial».

«No hablamos de unas guerras locales, sino de una Tercera Guerra Mundial», insisten los acusadores.

45 «Pues, si se produjera una Tercera Guerra Mundial, no se libraría° ni el turismo ni la industria ni los pájaros,° ni los gatos,° creo yo», contesta Palomino.

Pero los partidarios de la industria no sólo atacan el turismo por motivos económicos. Algunos atacan el turismo 50 por motivos políticos, diciendo que es «humillante, servil y colonizador».° «El turismo ha convertido a nuestro país en un gran camarero de Europa y de otros continentes», dice el profesor Prieto Castro. Y el escritor Luis María Ansón está de acuerdo cuando dice: «Si nos convirtiéramos sólo en 55 la playa de Europa, sería un triste destino».

También se critica el turismo por su impacto sobre las costumbres y la moral de los españoles. Los detractores ven sólo perversión y corrupción. Los defensores del turismo ven por el contrario intercambio y acercamiento° entre países y 60 personas.

¿Qué triunfará° en el combate: el turismo o la industria? Tal vez° ninguno. O ambos. Surge la pregunta°: ¿Qué preferiría la mayoría de los españoles si tuvieran la oportunidad de elegir?

65 Es difícil responder categóricamente. Podría ser sintomática° la reacción de mucha gente hace unos años cuando la

se... escaparía / *birds*
cats

colonizing (in the sense that poor countries serve rich ones)

a coming together

ganará
Tal... Quizás / **Surge...** *The question arises*

representativa

Ford° anunció su proyecto de instalar una fábrica de auto-   Compañía Ford
móviles en España. En varios pueblos miles de habitantes
escribieron cartas en las que prácticamente rogaban° a la   *begged*
70 Ford que pusiera la fábrica en sus respectivas localidades.
Esta actitud fue interpretada por algunos como un deseo
popular de intensificar la industrialización del país.

España se encuentra hoy en la posición de esas familias
en que los hijos se preparan para ser industriales, ingenie-
75 ros y técnicos. Pero mientras tanto,° es «papá turismo» el   **mientras...** *meanwhile*
que les da de comer° aunque para ello el «viejo» tenga que   **de...** comida
trabajar de camarero.

De *Visión*, una revista internacional publicada en México

Comprensión de la lectura: IDEAS IMPORTANTES

Llene los espacios en blanco con las palabras apropiadas para completar las ideas importantes
del artículo.

consumidores   fábricas   humillante   desarrollo
playas   camarero   beneficioso

1. Los partidarios del turismo quieren «vender» sol y _____; los de la industria
   quieren que se construyan más _____ en España.
2. Según ciertos economistas, hasta donde llegue el turismo, llegará el _____ económico del país.
3. Otros comienzan a dudar de que el turismo haya sido tan _____.
4. El turismo tiene un mercado mundial calculado en más de 170 millones de
   _____, de los cuales una sexta parte viene a España.
5. Algunos atacan al turismo, diciendo que es «_____, servil y colonizador» y que
   ha convertido a España en el «gran _____ de Europa».

Preguntas

1. ¿Cuál es el dilema de España en el momento actual?
2. ¿De qué tienen miedo los partidarios del turismo?
3. ¿Por qué dicen los partidarios de la industria que el turismo es un negocio frágil? ¿Está usted de acuerdo?
4. Según el escritor Palomino, ¿sería muy malo para el turismo si se produjera una guerra? Explique.
5. ¿Qué impacto tiene el turismo sobre las costumbres y la moral de los españoles, según los detractores? ¿y según los defensores del turismo? ¿Qué piensa usted de esta disputa?
6. ¿Qué pedían los miles de españoles que escribieron cartas a la Ford? ¿Qué indica esto?
7. Si usted fuera español, ¿qué preferiría para su país: más turismo o más industria? ¿Por qué?

¿Opiniones o hechos?

¿Sabe usted distinguir entre un hecho y una opinión? A veces no es tan fácil. Para cada una de las ideas tomadas del artículo, diga si es un hecho o una opinión y por qué.

1. _____ Hasta donde llegue el turismo, llegará el desarrollo económico de España.
2. _____ El turismo está hoy entre las primeras actividades exportadoras del país.
3. _____ El turismo es humillante, servil y colonizador.
4. _____ Miles de españoles escribieron cartas en las cuales pedían a la Compañía Ford que pusiera una fábrica en su pueblo.
5. _____ La construcción de fábricas contamina el agua, el aire y las playas.
6. _____ El turismo tiene un enorme mercado mundial con millones de consumidores.
7. _____ Durante muchos meses del año, el turismo se paraliza y deja a un gran número de trabajadores sin empleo.

Composición

Si alguien le diera a usted cinco mil dólares para hacer un viaje, ¿adónde iría? ¿Por cuánto tiempo? ¿Qué vería y haría allí? Describa brevemente su viaje ideal.

Historia en dibujos: *EL TURISTA Y EL INDIO*

Mire usted el dibujo de Quino (página 151), el famoso dibujante argentino. Usando su imaginación, el vocabulario del capítulo y la lista de vocabulario suplementario, invente usted una historia para acompañar la ilustración.

VOCABULARIO SUPLEMENTARIO

avisar	to warn	**sacar una foto**	to take a picture
borrar	to erase; to take away	**ya que**	since

(Observe que el turista y el indio usan el infinitivo. Esta práctica es común entre las personas que no saben bien el español y desean comunicarse.)

LISTA DE VOCABULARIO

abrigo	comprar	jugo	precio
agua	contaminar	leche	queso
arroz	cordero	llevar	quisiera
artesanía	crema	maleta	recuerdo
azúcar	cuarto	mantequilla	refresco
baño	cuero	manzana	restaurante
bebida	chaqueta	mariscos	ropa
billete	delicioso/a	naranja	sal
blanco/a	dependiente/a	negocio	sol
blusa	dulces	pan	sopa
boleto	ensalada	pantalones	suave
bolsa	excursión	papas	suéter
café	fábrica	partidario/a	té
caliente	falda	pedir	tinto/a
cama	frío	pescado	tomar
camarero/a	frito/a	picante	traer
camisa	fruta	pimienta	turista
camiseta	huevos	plato	vaca
carne	impermeable	playa	verduras
cartera	jamón	plaza	zapatos
cataratas	joyería	postre	

Modismos y expresiones

un billete (boleto) de ida y vuelta	¿Cuánto cuesta?	el dinero en efectivo	la tarjeta de crédito
los clubes nocturnos	el cuarto de baño	hecho/a a mano	el traje de baño
	dejar propina	pagar la cuenta	

CAPÍTULO OCHO

El mundo
de la comunicación

The Subjunctive Tenses

Presentación de vocabulario

LA COMUNICACIÓN

Aprenda usted estas palabras importantes relacionadas con el tema del capítulo. Los cognados y casi cognados no están traducidos al inglés.

La publicidad

la competencia	competition	**la rivalidad**	
el consumo	consumption	**los consumidores**	consumers
(ser) feliz	(to be) happy	**la felicidad**	happiness
explotar	to exploit	**la explotación**	
transmitir el mensaje		**vender el producto**	
la persona común	average person		
los anuncios (comerciales)	ads, commercials		
la propaganda comercial	advertising		
el engaño / engañar / engañoso	deception / to deceive / deceptive		

Los negocios (*Business*)

agresivo/a		**la agresividad**	
el arma (*f.*)	weapon	**la barrera**	barrier
la confrontación		**compartir**	to share
el contrato	contract	**contratar**	to hire
la empresa, la compañía		**emplear**	to use
la lógica		**el razonamiento**	
una meta	a goal	**obtener (conseguir) resultados**	
negociar	to negotiate, deal	**las negociaciones**	deals, transactions

Los medios de comunicación (*The media*)

los discos	(*phonograph*) records	**las cintas, los casetes**	tapes
los periódicos	newspapers	**las revistas**	magazines
la prensa		**la radio, el radio**	
mirar televisión		**el televisor**	television set
las noticias	news	**la censura**	censorship

LA RADIO / EL RADIO Y LA TELEVISIÓN / EL TELEVISOR

In Spanish the words used to refer to radio or television in general are feminine: **la radio, la televisión.** The masculine words **el radio** and **el televisor** refer to the actual apparatus (**el aparato**), or set. Notice the difference in these examples: **Tengo un radio y un televisor. La radio (La televisión) es maravillosa para los enfermos.**

Modismos y expresiones

a cualquier precio	at any price
a largo plazo	in the long run, long-term
estar al tanto (de las noticias)	to be up to date (on the news)
el hombre / la mujer de negocios	businessman/woman

Práctica de vocabulario

Palabras relacionadas

Complete usted el párrafo con palabras relacionadas a las palabras indicadas. El primer blanco está hecho como modelo.

Los negocios y el modelo «unisexo»

Cuando hay un contrato importante, casi siempre es necesario **negociar,** y el éxito de estas (1) *negociaciones* depende de las personalidades de los participantes. Si las personas son de diferentes **culturas,** también hay barreras (2) _____. En el pasado, el estilo norteamericano de negociar era **agresivo:** los norteamericanos buscaban una confrontación porque creían que sólo la (3) _____ obtenía resultados. A veces trataban de **engañar** a su contrario porque pensaban que las técnicas (4) _____ eran las más eficaces. Estos hombres de negocio decían: «Hay que **explotar** al otro porque la (5) _____ es esencial para triunfar en los negocios».

Recientemente en Estados Unidos, un nuevo modelo ha aparecido en los negocios, más suave y menos agresivo. Algunos han llamado esta actitud el «modelo unisexo» porque dicen que es el resultado de la entrada de muchas mujeres en el campo de los negocios. Según la nueva tendencia, es importante cooperar con los **rivales** y no enfatizar la (6) _____. Para realmente ser **feliz** es necesario obtener también la (7) _____ de los otros. Ahora, los hombres y mujeres de negocios **razonan** que las mejores armas en las discusiones son la lógica y el (8) _____. Para ellos la cooperación vale más que la competencia.

El laberinto

Siga el laberinto para formar frases originales sobre los diferentes sujetos, conjugando los verbos y añadiendo palabras cuando sea necesario.

MODELO   **El hombre de negocios comparte muchas ideas con sus amigos.**

1. Algunos anuncios comerciales...
2. El hombre / La mujer de negocios...
3. Los consumidores inteligentes...

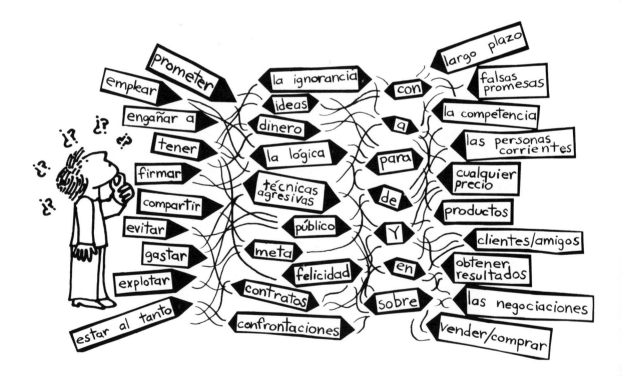

Frases personales

Cambie el verbo a la forma del **yo** y use el laberinto anterior para inventar tres frases sobre sí mismo/a (*about yourself*).

Diálogo con una computadora

Un/a vendedor/a tiene que seguir un curso de entrenamiento en la computadora de su compañía. Complete el diálogo de manera original, usando palabras de la **Presentación de vocabulario** cuando sea posible.

COMPUTADORA: Primero, una pregunta. Honestamente, ¿qué piensa usted de nuestro magnífico producto?

VENDEDOR/A: Pues, francamente, creo que _____.

COMPUTADORA: Bueno, para vender nuestro maravilloso producto es necesario _____.

VENDEDOR/A: Pero no me gusta _____.

COMPUTADORA: No importa. Usted tiene que ser _____.

VENDEDOR/A: Pero no quiero _____.

COMPUTADORA: Usted es vendedor/a, ¿no es verdad? Un/a vendedor/a siempre _____.

VENDEDOR/A: De acuerdo. Usted tiene razón. Yo _____.

Actividad en pareja La comunicación

Trabajen en pareja. Dos preguntas están en la lista de abajo. Invente tres preguntas más, usando el vocabulario de la sección **Los medios de comunicación.** Con estas cinco preguntas, entreviste a la otra persona. Después de unos minutos, usted debe estar preparado/a para informarle a la clase sobre los hábitos y las opiniones de su compañero/a.

Preguntas para la entrevista

1. Para ti, ¿qué es la felicidad?
2. ¿Qué haces para estar al tanto de las noticias?
3. _____
4. _____
5. _____

 # En busca de una visión del mundo

El mensaje principal

Vivimos rodeados de las imágenes artificiales de la publicidad. Ellas están por todas partes: en los trenes y autobuses, en las calles, en las oficinas, en los centros de recreo. Y aunque no queramos, penetran también en nuestras casas a través de los varios medios de comunicación: la radio, el periódico, las revistas, la televisión, el teléfono, el correo.

¿Qué están tratando de comunicarnos estos miles de anuncios? La respuesta parece obvia: quieren que compremos su producto. Naturalmente, pero hay más.

Mensajes escondidos

Las grandes compañías emplean a psicólogos para que hablen con muchos consumidores y descubran sus temores y deseos secretos.

Luego, inventan imágenes y mensajes que provocan ciertas asociaciones. La masculinidad está asociada con el beber whisky y el manejar autos velozmente; la belleza con ciertos cosméticos; el prestigio con la posesión de una tarjeta de crédito. Algunos anuncios presentan una situación completamente contraria a la realidad. Nos muestran, por ejemplo, una delgada bailarina que come dulces para que asociemos los dulces con la buena figura. O presentan un famoso atleta que está fumando a fin de que asociemos los cigarrillos con la fama y la salud. Desean convencernos visualmente de que al obtener su producto, obtendremos también las cualidades de la persona vista en el anuncio.

NOTA DE GRAMÁTICA: **PARA QUE O A FIN DE QUE +** **EL SUBJUNTIVO**

Certain conjunctions, because of their meaning, are always followed by the subjunctive. **Para que** and **a fin de que** (*in order that, so that*) are two of these, since their meaning suggests a desire or wish as yet unfulfilled.

EXAMPLE   **Las grandes compañías emplean a psicólogos para que hablen con muchos consumidores y descubran sus temores y deseos secretos.**
The big companies hire psychologists so that they may speak with many consumers and discover their secret fears and wishes.

Para que and **a fin de que** are used with the subjunctive only when there are two subjects involved, one of which wishes or desires to influence the other. When only one subject is involved, the preposition (**para, a fin de**) is used with the infinitive.

La filosofía del consumo

¿Es posible que la publicidad sea responsable en parte de los grandes problemas sociales: el alcoholismo, los accidentes de automóvil, los casos de cáncer comunes en las personas que fuman, etcétera? Algunos creen que sí. Se dice también que la publicidad es una forma de adoctrinamiento porque, básicamente, todos los mensajes publicitarios se reducen a uno:

La felicidad consiste en obtener constantemente productos nuevos. No importa que usted compre un producto, siempre necesitará otro que sea aun más esencial. Ésta es la filosofía del consumo. La publicidad vende, junto con el producto, la visión de un mundo feliz, lleno de símbolos materiales que están en un futuro que nunca llega.

¿Noticias o realidad?

Quizás la visión más engañosa que nos presentan los medios de comunicación esté en «las noticias de hoy». Pero, las noticias son la realidad, ¿no? Pues, no. No es cierto que las noticias sean *la* realidad; son *una* realidad muy pequeña y revisada. Alguien tiene que seleccionar, de miles de incidentes, los seis o siete que se puedan incluir en un programa corto de televisión o en la primera página del periódico. ¿Qué es más importante: los resultados de unas elecciones locales o el divorcio de una famosa actriz de cine? Hasta cierto punto, la persona que decide esto nos está dando una visión del mundo. A veces la selección parece estar basada en el sensacionalismo, pues lo sensacional vende periódicos. Así es frecuente que veamos en la prensa nacional fotos y detalles completos de actos violentos, lo cual le da al criminal una fama instantánea. Y después, ¿por qué nos sorprendemos de que se imite esa violencia?

A la defensiva

¿Cómo podemos defendernos de los abusos de la publicidad y la prensa y al mismo tiempo conservar la libertad? Algunos están a favor de la censura. Generalmente pensamos en la censura como arma de represión porque en el pasado los censores han prohibido temas sexuales o políticos. Pero quizás se pueda crear una censura limitada que solamente tenga poder para eliminar las falsas promesas de la publicidad y la excesiva glorificación de la violencia.

Muchos creen que una mejor solución sería la formación de una mentalidad más crítica en el público. Nosotros, los consumidores, debemos tratar de comprar inteligentemente y resistir la tentación de adquirir cosas inútiles simplemente porque sean nuevas.

Comprensión de la lectura: *FRASES PARA COMPLETAR*

1. Los psicólogos que trabajan para las grandes compañías entrevistan a consumidores para descubrir (cuánto dinero tienen en el banco / qué temen y desean secretamente / cuáles son sus convicciones políticas y religiosas).
2. «Si compro un producto, obtengo también la sofisticación y el prestigio de la persona vista en el anuncio». Esta idea es (lógica / verdad / irracional).
3. Podemos decir que las personas que revisan las noticias nos están interpretando el mundo porque (inventan incidentes falsos / seleccionan de muchos incidentes unos pocos / nos comunican todos los incidentes que han ocurrido).
4. Tradicionalmente la censura sólo ha eliminado temas (sexuales o políticos / de mucha violencia y crueldad / artísticamente inferiores).
5. Según el artículo, a veces las personas locas o criminales cometen actos de violencia porque (tienen miedo de la publicidad / no quieren ver sus fotos en los periódicos / desean la fama instantánea).

Preguntas

1. ¿Dónde están las imágenes artificiales de la publicidad?
2. ¿Cuáles son algunas de las asociaciones falsas que nos presentan los anuncios? ¿Puede usted pensar en otras que no se mencionan en el ensayo?
3. ¿Qué dicen algunos en contra de la publicidad? ¿Cree usted que estas acusaciones son ciertas?
4. ¿Cuál es la «filosofía del consumo»? ¿Qué imagen del mundo propone?
5. ¿Es verdad que las noticias son la realidad? ¿Por qué?
6. ¿Cree usted que es bueno o malo que haya cierta censura en las películas, los libros y los programas de televisión? Explique.
7. ¿Ha notado usted cómo las grandes compañías tratan de engañarnos con su manera de expresar el precio de un producto? ¿Qué hace usted para tratar de comprar inteligentemente?

Actividad en grupo Análisis de un anuncio

Trabajen en grupos de tres o cuatro personas. Miren el anuncio (página 163) tomado de una revista colombiana. Alternando turnos, contesten las preguntas. Después de unos minutos, usted debe estar preparado/a para informarle a la clase sobre las opiniones de su grupo.

1. ¿Qué pasa en el anuncio? ¿Puedes describirlo?
2. ¿Qué producto quieren vender? ¿Qué falsas asociaciones están insinuadas en el anuncio? Explica.
3. ¿Para qué tipo de público está hecho el anuncio? ¿Cómo tratan de influir a este público?
4. En fin, ¿qué opinas del anuncio? ¿Comprarías el producto que se trata de vender o no? ¿Por qué?

Fume cigarrillos Royal

Sabor con clase!

CIGARRILLOS
ROYAL

Actividad: COMPOSICIÓN Y CONVERSACIÓN

Busque en periódicos y revistas algunos anuncios que le parezcan buenos y algunos que le parezcan malos. Luego, usándolos como ilustraciones, explique en español las características de un buen anuncio y las de un mal anuncio.

—Desde que sólo lee los anuncios, se encuentra mucho mejor.

El arte de negociar con un japonés

Anticipación

Todos sabemos que la comunicación es importante en los negocios. Pero el estilo de comunicarse y de negociar varía de cultura en cultura. ¿Qué diferencias hay entre el estilo de negociar japonés y el estilo español? En parte los estilos dependen de las emociones que sienten (o que tratan de evitar) las personas de las dos culturas. Mire la lista de palabras y expresiones claves. ¿Puede usted adivinar los significados? ¿Qué palabras se refieren a las emociones?

Palabras y expresiones claves

insondables, inescrutables
aterrorizados/as
la armonía
las reglas de juego

poner en un aprieto
vergonzoso/a
personalizado/a

 ## El arte de negociar con un japonés

Jesús Pertejo

Un experto en relaciones económicas con Japón da las pautas° para entender la mentalidad del empresario nipón.°　　　normas / japonés

El habitual método de maniobra° japonés podría llamarse　　operación
«a la conquista por el cansancio». La perseverancia es allí el
arma infalible. Lo proverbial° en un nipón es esforzarse° a　　normal / continuar batallando
cualquier precio, utilizando la paciencia y explotando la
5　impaciencia del contrario.° Lo importante es la obtención　　adversario
de resultados a largo plazo.

　　Es prácticamente imposible que los extranjeros compartan la experiencia japonesa en su totalidad. La diferencia de mentalidades es la primera barrera.

10　Los europeos les parecemos tan insondables como ellos
nos lo parecen a nosotros. «Lo que nunca os* paráis° a pen-　　**nunca...** *you never stop*
sar es que el sentimiento es mutuo — me decía un amigo
japonés —. Nosotros nos sentimos tanto o más aterrorizados ante vosotros. Aunque nos mostremos tan serios y so-

*Notice that the **vosotros** form is used for the familiar plural *you*, with its corresponding reflexive pronoun **os.** This is because the selection is from a magazine published in Spain.

Una reunión internacional para compartir información global.

¹⁵ lemnes, reímos, gozamos, y nos emocionamos tanto o más
que vosotros, inescrutables occidentales».

La armonía es para los nipones la más preciada° regla de   preciosa
juego. Respetar el conjunto° armónico es infinitamente más   totalidad
importante que estar en posesión de la razón o conseguir
²⁰ un contrato favorable.

La formulación de las negociaciones se considera tan importante como los resultados. En definitiva, es inútil utilizar el razonamiento lógico, algo que los exportadores
españoles olvidan con excesiva frecuencia. Recordemos que
²⁵ nos estamos refiriendo a una potencia° económica con más   nación de importancia
de cien millones de consumidores con un gran poder adqui-
sitivo.

Poner en un aprieto a la otra persona es un descuido°   error
imperdonable. Ser derrotado° es vergonzoso, ocasionar la   vencido
³⁰ derrota del otro produce desazón° y nunca es positivo cara   descontento
a° futuras negociaciones.   **cara...** con respecto a

La solución japonesa es evitar la confrontación, la rivalidad excesiva, y aceptar lo que ellos llaman «competencia constructiva».

35 El primer contacto ha de° ser personalizado. Nadie es considerado realmente amigo en Japón hasta que no* se ha tomado una copa° en completa desinhibición.° La diversión suele precipitar° la firma de valiosos contratos más rápidamente que las interminables horas de negociación. Es prác-
40 tica corriente en las empresas destinar hasta un 15 por 100 de su presupuesto° a estos gastos.

Con todo, las distancias deben marcarse° correctamente. El profesional japonés es un individuo tremendamente especializado y conviene no obligarlo a desviarse° de su par-
45 cela estricta de conocimiento. En general, el negociador japonés tratará de evitar la contienda° y discusión frontales.

En Japón es preciso aprender no sólo a utilizar las palabras, sino también a no usarlas.

Se han escrito libros completos acerca de la utilización
50 de la palabra «no» en la cultura japonesa. Mi primera impresión fue la de encontrarme con un amigo que decía a todo que «sí».

Resultaba fantástico. Parecían estar de acuerdo con todo. Respondían «hai»° incluso a mis solicitudes° más disparata-
55 das.° Hasta que con el paso del tiempo comencé a percatarme de° que mis peticiones teóricamente aceptadas, mis propuestas° recibidas con repeticiones de «hai, hai» sincopados, se desaparecían después en el olvido.°

En definitiva, es impresionante un pueblo que se dejaría
60 acuchillar° antes de tener que responder «no».

De *Cambio 16,* una revista de España

ha... debe

bebida alcohólica / **en...** *in a completely uninhibited state*
suele... usualmente resulta en

budget
mantenerse

apartarse

disputa

«sí» en japonés / peticiones
ridículas
percatarme... observar
ofertas
en... *into oblivion*

que... *who would let themselves be stabbed*

Palabras relacionadas

Busque en el artículo sustantivos relacionados a los siguientes verbos:

1. conquistar	_____	7. razonar	_____
2. cansar	_____	8. exportar	_____
3. perseverar	_____	9. conocer	_____
4. obtener	_____	10. utilizar	_____
5. resultar	_____	11. solicitar	_____
6. sentir	_____		

*Notice that sometimes a negative idea in Spanish is followed by a secondary clause that includes the word *no* even though the idea expressed in the secondary clause is not negative. This is called the pleonastic *no.* Omit it in translating to English.

Inferencias: *MÁS O MENOS*

Es posible inferir del artículo varias diferencias entre los hombres de negocio de España y los de Japón. Escoja usted **más** o **menos** para completar cada frase sobre estas diferencias.

1. Generalmente, en las negociaciones los españoles son (más / menos) pacientes que los japoneses.
2. Los españoles parecen (más / menos) solemnes y serios que los japoneses.
3. Los españoles están (más / menos) preocupados con la armonía que los japoneses.
4. Los españoles utilizan el razonamiento lógico (más / menos) que los japoneses.
5. Los españoles entran en confrontaciones y discusiones directas (más / menos) que los japoneses.
6. Los profesionales españoles son (más / menos) especializados que los profesionales japoneses.
7. Finalmente, los negociadores españoles dicen «no» (más / menos) que los japoneses.

Preguntas

1. Explique usted el método japonés de «la conquista por el cansancio».
2. ¿Por qué es imposible que los extranjeros compartan la experiencia japonesa en su totalidad?
3. Según el amigo japonés del autor, ¿quiénes se emocionan más, los orientales o los occidentales?
4. ¿Por qué tienen interés los españoles en el mercado japonés?
5. ¿Por qué no es bueno poner en un aprieto a un negociador japonés?
6. ¿Qué tiene que hacer un hombre de negocios extranjero para ser considerado «realmente amigo» en Japón?
7. ¿Cómo se dice «sí» en japonés? ¿Cuándo dice un japonés la palabra «no»? ¿Por qué?

Opiniones

1. ¿Qué piensa usted del estilo de negociar de los japoneses? ¿Qué entiende usted por «la competencia constructiva»?
2. ¿Cree usted que el estilo japonés o el español se parece más al estilo norteamericano de negociaciones? Explique.
3. En su opinión, ¿por qué tenemos la idea de los japoneses como «inescrutables» o misteriosos?

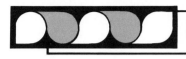

El rock que incordia a un dictador

Anticipación

La siguiente selección fue publicada en 1987, cuando Chile estaba todavía bajo el control total de un dictador militar, el general Pinochet. La selección describe cómo un grupo de rockeros, Los Prisioneros, usaban su música como un arma contra la dictadura, transmitiendo en sus canciones un mensaje social.

Mire la foto y el título. ¿Qué cree usted que significa el verbo **incordia** usado en el título? Mire la lista de palabras claves. Los tres verbos están relacionados a sustantivos que usted ya conoce. ¿Puede usted adivinar el significado de estos verbos? Las otras palabras son casi cognados; trate de adivinar su significado también.

Palabras claves

fabricar	**sugerente**
la denuncia	**centrarse**
diferenciarse	**despolitizado/a, apolítico/a**

 ## El rock que incordia a un dictador

Victoria Sáez

En Chile no se fabrican discos porque no hay con qué.° Lo que sí hay es un grupo de rockeros, Los Prisioneros, que han hecho del casete un arma contra la dictadura.

En el año 1973, cuando Augusto Pinochet derrocó° al
5 presidente constitucional Salvador Allende, ellos sólo tenían ocho años. Hoy, en 1987, aquellos niños tienen más o menos veinte años y se rebelan contra la dictadura utilizando el rock como arma de denuncia.

Los Prisioneros son un grupo de rock chileno que han
10 vendido más de 60.000 cintas° (no se hacen discos en Chile) y reúnen° hasta 45.000 personas en algunos de sus conciertos. El grupo está compuesto de tres jóvenes de 22, 20 y 19 años. Sus nombres son Jorge González, Claudio Narea y Miguel Tapia. Nacieron en el mismo barrio santiaguino° de San
15 Miguel, compartiendo escuela y *pololas* (novias). Hace dos

con... literally, *with what* (i.e., dinero)

brought down

tapes
atraen

de Santiago, la capital

Foto tomada de un casete hecho por el popular grupo chileno Amauta, que, como Los Prisioneros, expresa un mensaje social en su música.

años formaron el grupo musical. Ellos querían diferenciarse de los otros grupos de rock como Tom y Jerry (chilenos) o Virus (argentinos), a los que ven° comerciales y sin preocupación de transmitir ningún mensaje útil.

20 Los Prisioneros saben que han tomado una postura agresiva que molesta° al gobierno. Por eso la censura chilena les obliga a actuar sufriendo todo tipo de persecuciones. En sus conciertos se producen *fortuitos* apagones de luz° o el Ayuntamiento de la ciudad donde van a actuar les suspende el

25 permiso cuando están a punto de° comenzar y tienen el auditorio lleno.° Tampoco se les ha permitido nunca actuar en televisión oficial o en el Festival de Viña del Mar.°

Pese a° todo, la música de Los Prisioneros se escucha en casi todas las emisoras° de radio, y ya han vendido muchas

30 cintas con títulos tan sugerentes como *El baile de los que sobran,°* *Por qué no se van* o *Muevan las industrias.*

«Nuestro grupo se caracteriza por ser el único rebelde que hay en Chile, el resto de los grupos modernos — sostiene Jorge — son bastante abúlicos°».

35 Todas sus definiciones políticas y sus mensajes se centran en que la gente joven tome conciencia de° los graves problemas de su país. «La gente de veinte años no está ni a la derecha° ni a la izquierda° — dice Jorge —. A todos les han explicado en los colegios° que todas las tendencias son

40 malas y que la única que se salva° es la de la dictadura».

a... *whom they view as*

irrita

fortuitos... «accidentales» problemas eléctricos que extinguen las luces
a... en el momento de
el... *a full house* (auditorium)
el... un festival anual de música muy importante
Pese... A pesar de
stations

los... *those who are left over*

inactivos

tome... *should become aware of*

right (politically) / *left*
escuelas secundarias
se... continúa

«Aunque la juventud acá es muy apolítica, está preocupada por lo que va a ocurrir en el futuro inmediato. El escape para la juventud es el rock y el deporte.° El gobierno trata de servirnos el deporte como una alienación° y consi-
45 guen engañar a la gente. Hay un periódico oficialista que se llama *El Diario de los Deportistas,* que no es más que un engaño. Y luego está el rock argentino, que es un rock sin mensaje, y el régimen pinochetista° está tranquilo, muy tranquilo con esta clase de rock».

50 El conjunto° chileno conoce a varios grupos del rock y el pop español. «Nos gustan Nacha Pop, Gabinete Caligari, Toreros Muertos. Nos identificamos mucho más con los grupos españoles que con los argentinos. Creo que los argentinos imitan el rock norteamericano. Están locos con
55 Bruce Springsteen. En España son más auténticos».

Los Prisioneros han conseguido en sólo tres años dos discos de platino, lo que significa haber vendido más de treinta mil ejemplares° de cintas casetes, todo un récord en Chile. Este hecho habla a las claras° de la enorme popularidad que
60 estos tres jóvenes han logrado entre el público rockero.

De *Cambio 16,* una revista de España

sport	
distracción	
del dictador Pinochet	
grupo	
copias	
a... claramente	

En palabras sencillas: LAS ACTITUDES

En palabras sencillas, explique usted qué opinan los tres jóvenes (Los Prisioneros) de lo siguiente:

1. el gobierno del antiguo dictador Augusto Pinochet
2. el grupo argentino Virus
3. el periódico oficial *El Diario de los Deportistas*
4. los grupos españoles de rock

Preguntas

1. ¿Por qué no se fabrican discos en Chile? ¿Cómo se escucha la música, entonces?
2. ¿Cómo se llaman los tres chilenos que componen Los Prisioneros? ¿Qué edades tienen? ¿Son más o menos jóvenes Los Prisioneros que la mayoría de los grupos de rock?
3. ¿Cómo hace sufrir el gobierno a estos muchachos?
4. ¿Qué diferencia hay entre Los Prisioneros y los otros grupos chilenos de rock? ¿Qué mensaje tratan de transmitir a la gente joven?
5. ¿Por qué están despolitizados los jóvenes en Chile? ¿Cree usted que los jóvenes están despolitizados en nuestro país también? Explique.
6. ¿Cuáles son los escapes para la juventud chilena? ¿Pasa lo mismo con la juventud norteamericana y canadiense, o no? ¿Por qué?
7. ¿Cuántas cintas han vendido Los Prisioneros? ¿A cuántas personas han reunido en uno de sus conciertos? ¿Cómo se comparan estos números con los de los grupos de rock populares en Norteamérica?

Opiniones

1. ¿Qué grupos conoce usted que transmiten algún tipo de mensaje en su música? En su opinión, ¿qué quieren comunicar al público?
2. ¿Qué tipo de rock le gusta a usted? ¿Le gusta que la música tenga mensaje o que no lo tenga? ¿O no le importa? Explique.
3. En su opinión, ¿son divertidos los conciertos de rock o no? ¿Por qué?

Composición dirigida: COMENTARIO SOBRE UN DIBUJO

En este dibujo el artista mexicano Rogelio Naranjo da una extraña visión de la comunicación humana. Escriba usted un párrafo sobre el dibujo, usando el vocabulario suplementario si quiere. Primero, describa lo que se ve en el dibujo en dos o tres frases. Segundo, explique qué representan los diferentes elementos en dos o tres frases. Finalmente, en una frase dé su propia interpretación del mensaje básico que quiere transmitirnos el artista.

NARANJO

VOCABULARIO SUPLEMENTARIO

el alambre de púas	barbed wire	**la escalerilla**	ladder
las barreras	barriers	**la muralla**	wall
darse la mano	to shake hands		

LISTA DE VOCABULARIO

agresividad
agresivo/a
anuncio
arma
armonía
aterrorizado/a
barrera
casete
censura
cinta
compartir
competencia
comunicación
confrontación
conseguir
consumidor/a

consumo
contienda
contratar
contrato
corriente
denuncia
despolitizado/a
disco
emplear
empresa
engañar
engaño
engañoso/a
explotación
explotar

felicidad
feliz
lógica
mensaje
mentalidad
mercado
meta
negociación
negociador/a
negociar
noticias
obtener
periódico
prensa
producto

propaganda
publicidad
publicitario/a
radio
razonamiento
rebelarse
rebelde
resultado
rivalidad
sugerente
televisión
televisor
transmitir
vender
vergonzoso/a

Modismos y expresiones

a cualquier precio
a largo plazo
estar al tanto de

los medios de
    comunicación

poner en un aprieto

las reglas de juego

VERBOS

Note to the Student

You should practice using the verbs from the vocabulary at the end of each chapter in as many different tenses as you can. Most of them are regular verbs, so they will follow the pattern of **hablar, comer,** or **vivir.** Except for the verbs listed below, those which are stem-changing, spelling-changing, or irregular are given in the following verb charts. Each verb listed below is given with a reference to a similar verb on the chart so that you can look at that one to see the pattern.

Stem-changing, spelling-changing, and irregular verbs taken from the chapter vocabularies and not listed in the verb charts

abrazar	similar to **empezar** but without stem changes
aparecer	similar to **conocer**
aprobar	similar to **contar**
avanzar	similar to **empezar** but without stem changes
conseguir	similar to **seguir**
costar	similar to **contar**
crecer	similar to **conocer**
despertar	similar to **cerrar**
establecer	similar to **conocer**
favorecer	similar to **conocer**
imponer	similar to **poner**
leer	similar to **creer**
mostrar	similar to **contar**
obtener	similar to **tener**
planificar	similar to **buscar**
platicar	similar to **buscar**
rechazar	similar to **empezar** but without stem changes
resolver	similar to **volver**

VERBOS

REGULAR VERBS

SIMPLE TENSES

INFINITIVE PRESENT PARTICIPLE PAST PARTICIPLE		INDICATIVE			
		PRESENT	IMPERFECT	PRETERITE	FUTURE
		I speak, do speak, am speaking, etc.	*I was speaking, used to speak, spoke, etc.*	*I spoke, did speak, etc.*	*I shall (will) speak, etc.*
hablar	*to speak*	hablo	hablaba	hablé	hablaré
hablando	*speaking*	hablas	hablabas	hablaste	hablarás
hablado	*spoken*	habla	hablaba	habló	hablará
		hablamos	hablábamos	hablamos	hablaremos
		habláis	hablabais	hablasteis	hablaréis
		hablan	hablaban	hablaron	hablarán
comer		como	comía	comí	comeré
comiendo		comes	comías	comiste	comerás
comido		come	comía	comió	comerá
		comemos	comíamos	comimos	comeremos
		coméis	comíais	comisteis	comeréis
		comen	comían	comieron	comerán
vivir		vivo	vivía	viví	viviré
viviendo		vives	vivías	viviste	vivirás
vivido		vive	vivía	vivió	vivirá
		vivimos	vivíamos	vivimos	viviremos
		vivís	vivíais	vivisteis	viviréis
		viven	vivían	vivieron	vivirán

INDICATIVE	SUBJUNCTIVE		IMPERATIVE
CONDITIONAL	PRESENT	IMPERFECT	
I would *speak, etc.*	*(that) I* *(may)* *speak, etc.*	*(that) I* *(might)* *speak, etc.*	*speak* *don't speak* *let's speak*
hablaría	hable	hablara	
hablarías	hables	hablaras	habla tú*, no hables
hablaría	hable	hablara	hable Ud.
hablaríamos	hablemos	habláramos	hablemos
hablaríais	habléis	hablarais	—
hablarían	hablen	hablaran	hablen Uds.
comería	coma	comiera	
comerías	comas	comieras	come tú, no comas
comería	coma	comiera	coma Ud.
comeríamos	comamos	comiéramos	comamos
comeríais	comáis	comierais	—
comerían	coman	comieran	coman Uds.
viviría	viva	viviera	
vivirías	vivas	vivieras	vive tú, no vivas
viviría	viva	viviera	viva Ud.
viviríamos	vivamos	viviéramos	vivamos
viviríais	viváis	vivierais	—
vivirían	vivan	vivieran	vivan Uds.

*It should be noted that the pronoun **tú** is generally omitted from the informal command.

PERFECT TENSES

INDICATIVE		
PRESENT PERFECT	**PAST PERFECT**	**FUTURE PERFECT**
I have spoken, etc.	*I had spoken, etc.*	*I shall (will) have spoken, etc.*
he	había	habré
has	habías	habrás
ha hablado	había hablado	habrá hablado
hemos comido	habíamos comido	habremos comido
habéis vivido	habíais vivido	habréis vivido
han	habían	habrán

PROGRESSIVES

INDICATIVE	
PRESENT	**PAST**
I am speaking, etc.	*I was speaking, etc.*
estoy	estaba
estás	estabas
está hablando	estaba hablando
estamos comiendo	estábamos comiendo
estáis viviendo	estabais viviendo
están	estaban

STEM-CHANGING, SPELLING-CHANGING, AND IRREGULAR VERBS

INFINITIVE PRESENT PARTICIPLE PAST PARTICIPLE	INDICATIVE			
	PRESENT	**IMPERFECT**	**PRETERITE**	**FUTURE**
buscar (qu)	busco	buscaba	busqué	buscaré
buscando	buscas	buscabas	buscaste	buscarás
buscado	busca	buscaba	buscó	buscará
	buscamos	buscábamos	buscamos	buscaremos
	buscáis	buscabais	buscasteis	buscaréis
	buscan	buscaban	buscaron	buscarán

INDICATIVE	SUBJUNCTIVE
CONDITIONAL PERFECT	**PRESENT PERFECT**
I would have spoken, etc.	*(that) I (may) have spoken, etc.*
habría	haya
habrías	hayas
habría ⎱ hablado	haya ⎱ hablado
habríamos ⎰ comido	hayamos ⎰ comido
habríais ⎰ vivido	hayáis ⎰ vivido
habrían	hayan

INDICATIVE	SUBJUNCTIVE		IMPERATIVE
CONDITIONAL	**PRESENT**	**IMPERFECT**	
buscaría	busque	buscara	
buscarías	busques	buscaras	busca tú, no busques
buscaría	busque	buscara	busque Ud.
buscaríamos	busquemos	buscáramos	busquemos
buscaríais	busquéis	buscarais	—
buscarían	busquen	buscaran	busquen Uds.

STEM-CHANGING, SPELLING-CHANGING, AND IRREGULAR VERBS

INFINITIVE PRESENT PARTICIPLE PAST PARTICIPLE	INDICATIVE			
	PRESENT	IMPERFECT	PRETERITE	FUTURE
caer cayendo caído	caigo caes cae caemos caéis caen	caía caías caía caíamos caíais caían	caí caíste cayó caímos caísteis cayeron	caeré caerás caerá caeremos caeréis caerán
cerrar (ie) cerrando cerrado	cierro cierras cierra cerramos cerráis cierran	cerraba cerrabas cerraba cerrábamos cerrabais cerraban	cerré cerraste cerró cerramos cerrasteis cerraron	cerraré cerrarás cerrará cerraremos cerraréis cerrarán
comenzar (ie) comenzando comenzado	comienzo comienzas comienza comenzamos comenzáis comienzan	comenzaba comenzabas comenzaba comenzábamos comenzabais comenzaban	comencé comenzaste comenzó comenzamos comenzasteis comenzaron	comenzaré comenzarás comenzará comenzaremos comenzaréis comenzarán
conocer (zc) conociendo conocido	conozco conoces conoce conocemos conocéis conocen	conocía conocías conocía conocíamos conocíais conocían	conocí conociste conoció conocimos conocisteis conocieron	conoceré conocerás conocerá conoceremos conoceréis conocerán
contar (ue) contando contado	cuento cuentas cuenta contamos contáis cuentan	contaba contabas contaba contábamos contabais contaban	conté contaste contó contamos contasteis contaron	contaré contarás contará contaremos contaréis contarán
continuar continuando continuado	continúo continúas continúa continuamos continuáis continúan	continuaba continuabas continuaba continuábamos continuabais continuaban	continué continuaste continuó continuamos continuasteis continuaron	continuaré continuarás continuará continuaremos continuaréis continuarán

INDICATIVE	SUBJUNCTIVE		IMPERATIVE
CONDITIONAL	PRESENT	IMPERFECT	
caería	caiga	cayera	
caerías	caigas	cayeras	cae tú, no caigas
caería	caiga	cayera	caiga Ud.
caeríamos	caigamos	cayéramos	caigamos
caeríais	caigáis	cayerais	—
caerían	caigan	cayeran	caigan Uds.
cerraría	cierre	cerrara	
cerrarías	cierres	cerraras	cierra tú, no cierres
cerraría	cierre	cerrara	cierre Ud.
cerraríamos	cerremos	cerráramos	cerremos
cerraríais	cerréis	cerrarais	—
cerrarían	cierren	cerraran	cierren Uds.
comenzaría	comience	comenzara	
comenzarías	comiences	comenzaras	comienza tú, no comiences
comenzaría	comience	comenzara	comience Ud.
comenzaríamos	comencemos	comenzáramos	comencemos
comenzaríais	comencéis	comenzarais	—
comenzarían	comiencen	comenzaran	comiencen Uds.
conocería	conozca	conociera	
conocerías	conozcas	conocieras	conoce tú, no conozcas
conocería	conozca	conociera	conozca Ud.
conoceríamos	conozcamos	conociéramos	conozcamos
conoceríais	conozcáis	conocierais	—
conocerían	conozcan	conocieran	conozcan Uds.
contaría	cuente	contara	
contarías	cuentes	contaras	cuenta tú, no cuentes
contaría	cuente	contara	cuente Ud.
contaríamos	contemos	contáramos	contemos
contaríais	contéis	contarais	—
contarían	cuenten	contaran	cuenten Uds.
continuaría	continúe	continuara	
continuarías	continúes	continuaras	continúa tú, no continúes
continuaría	continúe	continuara	continúe Ud.
continuaríamos	continuemos	continuáramos	continuemos
continuaríais	continuéis	continuarais	—
continuarían	continúen	continuaran	continúen Uds.

INFINITIVE PRESENT PARTICIPLE PAST PARTICIPLE	INDICATIVE			
	PRESENT	IMPERFECT	PRETERITE	FUTURE
creer (y)	creo	creía	creí	creeré
creyendo	crees	creías	creíste	creerás
creído	cree	creía	creyó	creerá
	creemos	creíamos	creímos	creeremos
	creéis	creíais	creísteis	creeréis
	creen	creían	creyeron	creerán
dar	doy	daba	di	daré
dando	das	dabas	diste	darás
dado	da	daba	dio	dará
	damos	dábamos	dimos	daremos
	dais	dabais	disteis	daréis
	dan	daban	dieron	darán
decir	digo	decía	dije	diré
diciendo	dices	decías	dijiste	dirás
dicho	dice	decía	dijo	dirá
	decimos	decíamos	dijimos	diremos
	decís	decíais	dijisteis	diréis
	dicen	decían	dijeron	dirán
divertir (ie) (i)	divierto	divertía	divertí	divertiré
divirtiendo	diviertes	divertías	divertiste	divertirás
divertido	divierte	divertía	divirtió	divertirá
	divertimos	divertíamos	divertimos	divertiremos
	divertís	divertíais	divertisteis	divertiréis
	divierten	divertían	divirtieron	divertirán
dormir (ue, u)	duermo	dormía	dormí	dormiré
durmiendo	duermes	dormías	dormiste	dormirás
dormido	duerme	dormía	durmió	dormirá
	dormimos	dormíamos	dormimos	dormiremos
	dormís	dormíais	dormisteis	dormiréis
	duermen	dormían	durmieron	dormirán
elegir (i) (j)	elijo	elegía	elegí	elegiré
eligiendo	eliges	elegías	elegiste	elegirás
elegido	elige	elegía	eligió	elegirá
	elegimos	elegíamos	elegimos	elegiremos
	elegís	elegíais	elegisteis	elegiréis
	eligen	elegían	eligieron	elegirán

INDICATIVE	SUBJUNCTIVE		IMPERATIVE
CONDITIONAL	PRESENT	IMPERFECT	
creería	crea	creyera	
creerías	creas	creyeras	cree tú, no creas
creería	crea	creyera	crea Ud.
creeríamos	creamos	creyéramos	creamos
creeríais	creáis	creyerais	—
creerían	crean	creyeran	crean Uds.
daría	dé	diera	
darías	des	dieras	da tú, no des
daría	dé	diera	dé Ud.
daríamos	demos	diéramos	demos
daríais	deis	dierais	—
darían	den	dieran	den Uds.
diría	diga	dijera	
dirías	digas	dijeras	di tú, no digas
diría	diga	dijera	diga Ud.
diríamos	digamos	dijéramos	digamos
diríais	digáis	dijerais	—
dirían	digan	dijeran	digan Uds.
divertiría	divierta	divirtiera	
divertirías	diviertas	divirtieras	divierte tú, no diviertas
divertiría	divierta	divirtiera	divierta Ud.
divertiríamos	divertamos	divirtiéramos	divertamos
divertiríais	divertáis	divirtierais	—
divertirían	diviertan	divirtiera	diviertan Uds.
dormiría	duerma	durmiera	
dormirías	duermas	durmieras	duerme tú, no duermas
dormiría	duerma	durmiera	duerma Ud.
dormiríamos	durmamos	durmiéramos	durmamos
dormiríais	durmáis	durmierais	—
dormirían	duerman	durmieran	duerman Uds.
elegiría	elija	eligiera	
elegirías	elijas	eligieras	elige tú, no elijas
elegiría	elija	eligiera	elija Ud.
elegiríamos	elijamos	eligiéramos	elijamos
elegiríais	elijáis	eligierais	—
elegirían	elijan	eligieran	elijan Uds.

INFINITIVE PRESENT PARTICIPLE PAST PARTICIPLE	INDICATIVE			
	PRESENT	IMPERFECT	PRETERITE	FUTURE
empezar (ie) (c) empezando empezado	empiezo empiezas empieza empezamos empezáis empiezan	empezaba empezabas empezaba empezábamos empezabais empezaban	empecé empezaste empezó empezamos empezasteis empezaron	empezaré empezarás empezará empezaremos empezaréis empezarán
estar estando estado	estoy estás está estamos estáis están	estaba estabas estaba estábamos estabais estaban	estuve estuviste estuvo estuvimos estuvisteis estuvieron	estaré estarás estará estaremos estaréis estarán
haber habiendo habido	he has ha hemos habéis han	había habías había habíamos habíais habían	hube hubiste hubo hubimos hubisteis hubieron	habré habrás habrá habremos habréis habrán
hacer haciendo hecho	hago haces hace hacemos hacéis hacen	hacía hacías hacía hacíamos hacíais hacían	hice hiciste hizo hicimos hicisteis hicieron	haré harás hará haremos haréis harán
ir yendo ido	voy vas va vamos vais van	iba ibas iba íbamos ibais iban	fui fuiste fue fuimos fuisteis fueron	iré irás irá iremos iréis irán
jugar (ue) (gu) jugando jugado	juego juegas juega jugamos jugáis juegan	jugaba jugabas jugaba jugábamos jugabais jugaban	jugué jugaste jugó jugamos jugasteis jugaron	jugaré jugarás jugará jugaremos jugaréis jugarán

INDICATIVE	SUBJUNCTIVE		IMPERATIVE
CONDITIONAL	PRESENT	IMPERFECT	
empezaría	empiece	empezara	
empezarías	empieces	empezaras	empieza tú, no empieces
empezaría	empiece	empezara	empiece Ud.
empezaríamos	empecemos	empezáramos	empecemos
empezaríais	empecéis	empezarais	—
empezarían	empiecen	empezaran	empiecen Uds.
estaría	esté	estuviera	
estarías	estés	estuvieras	está tú, no estés
estaría	esté	estuviera	esté Ud.
estaríamos	estemos	estuviéramos	estemos
estaríais	estéis	estuvierais	—
estarían	estén	estuvieran	estén Uds.
habría	haya	hubiera	
habrías	hayas	hubieras	
habría	haya	hubiera	
habríamos	hayamos	hubiéramos	
habríais	hayáis	hubierais	
habrían	hayan	hubieran	
haría	haga	hiciera	
harías	hagas	hicieras	haz tú, no hagas
haría	haga	hiciera	haga Ud.
haríamos	hagamos	hiciéramos	hagamos
haríais	hagáis	hicierais	—
harían	hagan	hicieran	hagan Uds.
iría	vaya	fuera	
irías	vayas	fueras	ve tú, no vayas
iría	vaya	fuera	vaya Ud.
iríamos	vayamos	fuéramos	vayamos
iríais	vayáis	fuerais	—
irían	vayan	fueran	vayan Uds.
jugaría	juegue	jugara	
jugarías	juegues	jugaras	juega tú, no juegues
jugaría	juegue	jugara	juegue Ud.
jugaríamos	juguemos	jugáramos	juguemos
jugaríais	jugéis	jugarais	—
jugarían	jueguen	jugaran	jueguen Uds.

INFINITIVE PRESENT PARTICIPLE PAST PARTICIPLE	INDICATIVE			
	PRESENT	IMPERFECT	PRETERITE	FUTURE
llegar (gu) llegando llegado	llego llegas llega llegamos llegáis llegan	llegaba llegabas llegaba llegábamos llegabais llegaban	llegué llegaste llegó llegamos llegasteis llegaron	llegaré llegarás llegará llegaremos llegaréis llegarán
oír oyendo oído	oigo oyes oye oímos oís oyen	oía oías oía oíamos oíais oían	oí oíste oyó oímos oísteis oyeron	oiré oirás oirá oiremos oiréis oirán
pagar (gu) pagando pagado	pago pagas paga pagamos pagáis pagan	pagaba pagabas pagaba pagábamos pagabais pagaban	pagué pagaste pagó pagamos pagasteis pagaron	pagaré pagarás pagará pagaremos pagaréis pagarán
pedir (i, i) pidiendo pedido	pido pides pide pedimos pedís piden	pedía pedías pedía pedíamos pedíais pedían	pedí pediste pidió pedimos pedisteis pidieron	pediré pedirás pedirá pediremos pediréis pedirán
pensar (ie) pensando pensado	pienso piensas piensa pensamos pensáis piensan	pensaba pensabas pensaba pensábamos pensabais pensaban	pensé pensaste pensó pensamos pensasteis pensaron	pensaré pensarás pensará pensaremos pensaréis pensarán
perder (ie) perdiendo perdido	pierdo pierdes pierde perdemos perdéis pierden	perdía perdías perdía perdíamos perdíais perdían	perdí perdiste perdió perdimos perdisteis perdieron	perderé perderás perderá perderemos perderéis perderán

INDICATIVE	SUBJUNCTIVE		IMPERATIVE
CONDITIONAL	PRESENT	IMPERFECT	
llegaría	llegue	llegara	
llegarías	llegues	llegaras	llega tú, no llegues
llegaría	llegue	llegara	llegue Ud.
llegaríamos	lleguemos	llegáramos	lleguemos
llegaríais	lleguéis	llegarais	—
llegarían	lleguen	llegaran	lleguen Uds.
oiría	oiga	oyera	
oirías	oigas	oyeras	oye tú, no oigas
oiría	oiga	oyera	oiga Ud.
oiríamos	oigamos	oyéramos	oigamos
oiríais	oigáis	oyerais	—
oirían	oigan	oyeran	oigan Uds.
pagaría	pague	pagara	
pagarías	pagues	pagaras	paga tú, no pagues
pagaría	pague	pagara	pague Ud.
pagaríamos	paguemos	pagáramos	paguemos
pagaríais	paguéis	pagarais	—
pagarían	paguen	pagaran	paguen Uds.
pediría	pida	pidiera	
pedirías	pidas	pidieras	pide tú, no pidas
pediría	pida	pidiera	pida Ud.
pediríamos	pidamos	pidiéramos	pidamos
pediríais	pidáis	pidierais	—
pedirían	pidan	pidieran	pidan Uds.
pensaría	piense	pensara	
pensarías	pienses	pensaras	piensa tú, no pienses
pensaría	piense	pensara	piense Ud.
pensaríamos	pensemos	pensáramos	pensemos
pensaríais	penséis	pensarais	—
pensarían	piensen	pensaran	piensen Uds.
perdería	pierda	perdiera	
perderías	pierdas	perdieras	pierde tú, no pierdas
perdería	pierda	perdiera	pierda Ud.
perderíamos	perdamos	perdiéramos	perdamos
perderíais	perdáis	perdierais	—
perderían	pierdan	perdieran	pierdan Uds.

INFINITIVE PRESENT PARTICIPLE PAST PARTICIPLE	INDICATIVE			
	PRESENT	IMPERFECT	PRETERITE	FUTURE
poder (ue) pudiendo podido	puedo puedes puede podemos podéis pueden	podía podías podía podíamos podíais podían	pude pudiste pudo pudimos pudisteis pudieron	podré podrás podrá podremos podréis podrán
poner poniendo puesto	pongo pones pone ponemos ponéis ponen	ponía ponías ponía poníamos poníais ponían	puse pusiste puso pusimos pusisteis pusieron	pondré pondrás pondrá pondremos pondréis pondrán
querer queriendo querido	quiero quieres quiere queremos queréis quieren	quería querías quería queríamos queríais querían	quise quisiste quiso quisimos quisisteis quisieron	querré querrás querrá querremos querréis querrán
reír (i, i) riendo reído	río ríes ríe reímos reís ríen	reía reías reía reíamos reíais reían	reí reíste rió reímos reísteis rieron	reiré reirás reirá reiremos reiréis reirán
saber sabiendo sabido	sé sabes sabe sabemos sabéis saben	sabía sabías sabía sabíamos sabíais sabían	supe supiste supo supimos supisteis supieron	sabré sabrás sabrá sabremos sabréis sabrán
sacar (qu) sacando sacado	saco sacas saca sacamos sacáis sacan	sacaba sacabas sacaba sacábamos sacabais sacaban	saqué sacaste sacó sacamos sacasteis sacaron	sacaré sacarás sacará sacaremos sacaréis sacarán

INDICATIVE	SUBJUNCTIVE		IMPERATIVE
CONDITIONAL	PRESENT	IMPERFECT	
podría	pueda	pudiera	
podrías	puedas	pudieras	
podría	pueda	pudiera	
podríamos	podamos	pudiéramos	
podríais	podáis	pudierais	
podrían	puedan	pudieran	
pondría	ponga	pusiera	
pondrías	pongas	pusieras	pon tú, no pongas
pondría	ponga	pusiera	ponga Ud.
pondríamos	pongamos	pusiéramos	pongamos
pondríais	pongáis	pusierais	—
pondrían	pongan	pusieran	pongan Uds.
querría	quiera	quisiera	
querrías	quieras	quisieras	quiere tú, no quieras
querría	quiera	quisiera	quiera Ud.
querríamos	queramos	quisiéramos	queramos
querríais	queráis	quisierais	—
querrían	quieran	quisieran	quieran Uds.
reiría	ría	riera	
reirías	rías	rieras	ríe tú, no rías
reiría	ría	riera	ría Ud.
reiríamos	riamos	riéramos	riamos
reiríais	riáis	rierais	—
reirían	rían	rieran	rían Uds.
sabría	sepa	supiera	
sabrías	sepas	supieras	sabe tú, no sepas
sabría	sepa	supiera	sepa Ud.
sabríamos	sepamos	supiéramos	sepamos
sabríais	sepáis	supierais	—
sabrían	sepan	supieran	sepan Uds.
sacaría	saque	sacara	
sacarías	saques	sacaras	saca tú, no saques
sacaría	saque	sacara	saque Ud.
sacaríamos	saquemos	sacáramos	saquemos
sacaríais	saquéis	sacarais	—
sacarían	saquen	sacaran	saquen Uds.

INFINITIVE PRESENT PARTICIPLE PAST PARTICIPLE	INDICATIVE			
	PRESENT	**IMPERFECT**	**PRETERITE**	**FUTURE**
salir	salgo	salía	salí	saldré
saliendo	sales	salías	saliste	saldrás
salido	sale	salía	salió	saldrá
	salimos	salíamos	salimos	saldremos
	salís	salíais	salisteis	saldréis
	salen	salían	salieron	saldrán
seguir (i, i) (ga)	sigo	seguía	seguí	seguiré
siguiendo	sigues	seguías	seguiste	seguirás
seguido	sigue	seguía	siguió	seguirá
	seguimos	seguíamos	seguimos	seguiremos
	seguís	seguíais	seguisteis	seguiréis
	siguen	seguían	siguieron	seguirán
sentire (ie, i)	siento	sentía	sentí	sentiré
sintiendo	sientes	sentías	sentiste	sentirás
sentido	siente	sentía	sintió	sentirá
	sentimos	sentíamos	sentimos	sentiremos
	sentís	sentíais	sentisteis	sentiréis
	sienten	sentían	sintieron	sentirán
ser	soy	era	fui	seré
siendo	eres	eras	fuiste	serás
sido	es	era	fue	será
	somos	éramos	fuimos	seremos
	sois	erais	fuisteis	seréis
	son	eran	fueron	serán
	sirvo	servía	serví	serviré
	sirves	servías	serviste	servirás
servir (i, i)	sirve	servía	sirvió	servirá
sirviendo	servimos	servíamos	servimos	serviremos
servido	servís	servíais	servisteis	serviréis
	sirven	servían	servieron	servirán
tener	tengo	tenía	tuve	tendré
teniendo	tienes	tenías	tuviste	tendrás
tenido	tiene	tenía	tuvo	tendrá
	tenemos	teníamos	tuvimos	tendremos
	tenéis	teníais	tuvisteis	tendréis
	tienen	tenían	tuvieron	tendrán

INDICATIVE	SUBJUNCTIVE		IMPERATIVE
CONDITIONAL	**PRESENT**	**IMPERFECT**	
saldría	salga	saliera	
saldrías	salgas	salieras	sal tú, no salgas
saldría	salga	saliera	salga Ud.
saldríamos	salgamos	saliéramos	salgamos
saldríais	salgáis	salierais	—
saldrían	salgan	salieran	salgan Uds.
seguiría	siga	siguiera	
seguirías	sigas	siguieras	sigue tú, no sigas
seguiría	siga	siguiera	siga Ud.
seguiríamos	sigamos	siguiéramos	sigamos
seguiríais	sigáis	siguierais	—
seguirían	sigan	siguieran	sigan Uds.
sentiría	sienta	sintiera	
sentirías	sientas	sintieras	siente tú, no sientas
sentiría	sienta	sintiera	sienta Ud.
sentiríamos	sintamos	sintiéramos	sintamos
sentiríais	sintáis	sintierais	—
sentirían	sientan	sintieran	sientan Uds.
sería	sea	fuera	
serías	seas	fueras	sé tú, no seas
sería	sea	fuera	sea Ud.
seríamos	seamos	fuéramos	seamos
seríais	seáis	fuerais	—
serían	sean	fueran	sean Uds.
serviría	sirva	sirviera	
servirías	sirvas	sirvieras	sirve tú, no sirvas
serviría	sirva	sirviera	sirva Ud.
serviríamos	sirvamos	sirviéramos	sirvamos
serviríais	sirváis	sirvierais	—
servirían	sirvan	sirvieran	sirvan Uds.
tendría	tenga	tuviera	
tendrías	tengas	tuvieras	ten tú, no tengas
tendría	tenga	tuviera	tenga Ud.
tendríamos	tengamos	tuviéramos	tengamos
tendríais	tengáis	tuvierais	—
tendrían	tengan	tuvieran	tengan Uds.

INFINITIVE PRESENT PARTICIPLE PAST PARTICIPLE	INDICATIVE			
	PRESENT	IMPERFECT	PRETERITE	FUTURE
tocar (qu) tocando tocado	toco tocas toca tocamos tocáis tocan	tocaba tocabas tocaba tocábamos tocabais tocaban	toqué tocaste tocó tocamos tocasteis tocaron	tocaré tocarás tocará tocaremos tocaréis tocarán
traer trayendo traído	traigo traes trae traemos traéis traen	traía traías traía traíamos traíais traían	traje trajiste trajo trajimos trajisteis trajeron	traeré traerás traerá traeremos traeréis traerán
ver viendo visto	veo ves ve vemos veis ven	veía veías veía veíamos veíais veían	vi viste vio vimos visteis vieron	veré verás verá veremos veréis verán
venir viniendo venido	vengo vienes viene venimos venís vienen	venía venías venía veníamos veníais venían	vine viniste vino vinimos vinisteis vinieron	vendré vendrás vendrá vendremos vendréis vendrán
volver (ue) volviendo vuelto	vuelvo vuelves vuelve volvemos volvéis vuelven	volvía volvías volvía volvíamos volvíais volvían	volví volviste volvió volvimos volvisteis volvieron	volveré volverás volveré volveremos volveréis volverán

INDICATIVE	SUBJUNCTIVE		IMPERATIVE
CONDITIONAL	PRESENT	IMPERFECT	
tocaría	toque	tocara	
tocarías	toques	tocaras	toca tú, no toques
tocaría	toque	tocara	toque Ud.
tocaríamos	toquemos	tocáramos	toquemos
tocaríais	toquéis	tocarais	—
tocarían	toquen	tocaran	toquen Uds.
traería	traiga	trajera	
traerías	traigas	trajeras	trae tú, no traigas
traería	traiga	trajera	traiga Ud.
traeríamos	traigamos	trajéramos	traigamos
traeríais	traigáis	trajerais	—
traerían	traigan	trajeran	traigan Uds.
vería	vea	viera	
verías	veas	vieras	ve tú, no veas
vería	vea	viera	vea Ud.
veríamos	veamos	viéramos	veamos
veríais	veáis	vierais	—
verían	vean	vieran	vean Uds.
vendría	venga	viniera	
vendrías	vengas	vinieras	ven tú, no vengas
vendría	venga	viniera	venga Ud.
vendríamos	vengamos	viniéramos	vengamos
vendríais	vengáis	vinierais	—
vendrían	vengan	vinieran	vengan Uds.
volvería	vuelva	volviera	
volverías	vuelvas	volvieras	vuelve tú, no vuelvas
volvería	vuelva	volviera	vuelva Ud.
volveríamos	volvamos	volviéramos	volvamos
volveríais	volváis	volvierais	—
volverían	vuelvan	volvieran	vuelvan Uds.

VOCABULARIO

This vocabulary includes Spanish words used in the readings and exercises, with the following exceptions: articles, possessives, personal and reflexive pronouns, most verb forms other than the infinitive, adverbs ending in **-mente** when the corresponding adjective is given, and exact or very close cognates.

Since **ch, ll,** and **ñ** are considered single letters of the Spanish alphabet, words beginning with the first two of these are found under separate headings following the letters **c** and **l,** respectively. (No words beginning with **ñ** occur in the book.) Also, words containing **ch, ll, ñ,** and **rr** appear after those containing **c, l, n,** and **r.** For example, **coche** comes after **cocodrilo, allá** after **alto, año** after **anuncio,** and **arraigo** after **artístico.**

If a verb has a stem change, the change is indicated in parentheses following the infinitive. For example, **sentir (siento, sintió)** is listed like this: **sentir (ie, i).** Verbs with spelling changes in certain forms also show the change in parentheses. Examples: **parecer (zc)** to indicate the forms **parezco, parezca; destruir (y)** to indicate the forms **destruyó, destruyeron.**

Abbreviations

adj.	adjective
adv.	adverb
dim.	diminutive
e.g.	for example
f.	feminine (noun)
fig.	figuratively
m.	masculine (noun)
pl.	plural
p.p.	past participle
pres.p	present participle
sup.	superlative
imp. subj.	imperfect subjunctive

A

a   to; for; toward; at
abajo   down, below, underneath; **hacia —** downward; **abajo...**   down with . . .
abandonar   to abandon, leave
abierto   *p.p.* of **abrir**   open
abogado,-a   *m. & f.*   lawyer
abolir   to abolish
abrazar(se)   to embrace, to hug
abrazo   *m.*   hug, embrace
abrigo   *m.*   coat
abril   *m.*   April
abrir   to open; **en un — y cerrar de ojos**   quick as a wink
absoluto   absolute; **en —**   at all
abstracto   abstract
absurdo   absurd
abuelo,-a   *m. & f.*   grandfather, grandmother; **— s**   grandparents
abundante   abundant, copious
abundar   to abound
aburrido   boring
aburrimiento   *m.*   boredom, tedium
abuso   *m.*   abuse, misuse
acá   here (less definite than **aquí**)
acabar   to finish, end; **— de** + *inf.*   to have just . . .
academia   *f.*   academy, institute
acaso   perhaps
acceso   *m.*   access, approach
accidente   *m.*   accident
acción   *f.*   action
acelerado   accelerated, speeded up
aceptar   to accept
acera   *f.*   sidewalk
acerca de   about
acercamiento   *m.*   approach, coming together
acercarse a   to draw close to, to approach; to come (go) up to
aclarar   to clarify
aclimatado   acclimatized, adjusted
acompañamiento   *m.*   accompaniment; escort
acompañar   to accompany, go with
aconsejable   advisable
acostumbrado   usual, customary
acostumbrarse a   to be accustomed to; to get used to
acreditado   accredited; vouched for
acrópolis   *m.*   fortified upper part of an ancient city
actitud   *f.*   attitude
actividad   *f.*   activity
activo   active
acto   *m.*   act, action; ceremony
actriz   *f.*   actress
actual   present, present-day
actualmente   nowadays, at present

actuar   to act
acuario   *m.*   aquarium
acueducto   *m.*   aqueduct
acuerdo   *m.*   agreement; **estar de — (con)**   to be in agreement (with); **de — con**   in accordance with
acumulado   accumulated
acusado,-a   *m. & f.*   accused, defendant
acusador,-a   *m. & f.*   accuser; *adj.*   accusing
acusar   to accuse
adaptación   adaptation, adjustment
adaptar   to adapt, fit
adecuado   adequate, suitable
adelanto   *m.*   advance, progress
además   besides, moreover; **— de**   besides, in addition to
adivinanza   *f.*   riddle
adivinar   to guess
adjetivo   *m.*   adjective
administrar   to administer, manage
admirablemente   wonderfully
admiración   *f.*   admiration
admirar   to admire
admitir   to admit
adonde   where; **¿Adónde... ?**   Where . . . ?
adoración   *f.*   adoration
adornado   decorated
adorno   *m.*   decoration
adquirido   acquired; **lo —**   acquired characteristics
adquirir   to acquire
aduana   *f.*   customs agency (*at a national border*)
adulto   *m.*   adult
aeropuerto   *m.*   airport
afectar   to affect; to have an effect on
afirmación   *f.*   assertion, declaration
afirmar   to assert, affirm
africano   African
agarrar   to grab, take hold of
agencia   *f.*   agency, bureau; **— de viaje**   travel agency
agente   *m. & f.*   agent
agitar   to wave, shake
agonizar   to be in the throes of death
agotamiento   *m.*   exhaustion, depletion
agradable   pleasant, agreeable
agradar   to please
agradecer   to thank for, be grateful for
agrado   *m.*   pleasure; **de su —**   of their choosing
agrandar   to enlarge
agregar   to add
agresión   *f.*   aggression
agresividad   *f.*   aggression, aggressiveness
agresivo   aggressive
agricultor,-a   *m. & f.*   farmer
agricultura   *f.*   agriculture, farming

agronomía *f.* agronomy
agrupación *f.* grouping
agrupar to group
agua *f.* water
aguantar to put up with
aguja *f.* needle; indicator (of a machine)
ahí there; **de —** therefore
ahito surfeited
ahora now, at present; **— bien** now then
aire *m.* air; **al — libre** open air
aislado isolated
aislarse to become isolated; to isolate oneself
ajeno not one's own, other people's
ajustarse to be suited, correspond; to adjust (oneself)
al (a + el = al) to the; for the; at the; toward the
ala *f.* wing
alacrán *m.* scorpion
alcohólico alcoholic
alcoholismo *m.* alcoholism
aldea *f.* village
alegrar to brighten, make cheerful
alegre happy
alegría *f.* joy, gaiety, merriment
alejado remote
alemán *m.* German language
Alemania *f.* Germany
alfabeto *m.* alphabet
alga *f.* seaweed
algo something; **— + ** *adj.* somewhat, rather
alguien someone, somebody
algún, alguno,-a some, any, someone; **—s** some, various; **— día** some day
algunos some people; some
alienado alienated
alienar to alienate
alimentarse to be nourished
alimenticio nourishing
alimento *m.* food, nourishment
alisar to smooth; to polish; to straighten
alivio *m.* relief
alma *f.* soul
almuerzo *m.* lunch
alocado mad, wild
alojarse to lodge, stay (*at a hotel, etc.*)
alrededor de around; **alrededores** *m. pl.* surroundings
alternado alternating
alternativa *f.* alternative, option
alto high; tall; **hacia lo —** upward
allá, allí there; over there
amable nice, kind
amado,-a *m. & f.* beloved, loved one
amante *m. & f.* lover; mistress
amar to love (*especially in a spiritual way*)
amarillo yellow
Amberes Antwerp
ambiente *m.* environment; atmosphere

ámbito *m.* sphere, field
ambos both
amenaza *f.* threat
amenazante threatening
americano American
amigo,-a *m. & f.* friend
amistad *f.* friendship
amistoso friendly
amo,-a *m. & f.* master; mistress; **ama de casa** housewife
amoldamiento molding, shaping
amor *m.* love; **—es** love affairs
ampliación *f.* amplification
amplificar amplify, increase the power of
amplio wide, full
análisis *m.* analysis
analítico analytical
anaranjado orange-colored
anciano,-a *m. & f.* old man; old woman
andar to walk, go about; **¡Anda!** Go ahead!
andino of the Andes, Andean
anglosajón,-a *m. & f.* Anglo-Saxon
anhelo *m.* yearning
animarse to become animated
ánimo *m.* courage, energy; **estado de —** mood, state of mind
aniquilar to destroy
aniversario *m.* anniversary
anoche last night
anónimo anonymous
ansiedad *f.* anxiety, worry
ansioso (de) anxious, yearning (for)
ante before, in the presence of; **— todo** above all
anterior previous, earlier; toward the front
antes before, some time ago; **— de** before
anticipación *f.* anticipation; looking ahead; **de —** in advance
anticonceptivo *m.* contraceptive
antiguo ancient, old
antitético antithetical; opposite
antónimo *m.* antonym, word meaning the opposite of another
antropología *f.* anthropology
antropólogo,-a *m. & f.* anthropologist
anual annual
anular to cancel, revoke
anunciador,-a *m. & f.* announcer; advertiser
anunciar to announce
anuncio *m.* announcement; advertisement
añadir to add
año *m.* year; **Año Nuevo** New Year
apagarse to go out (*a flame or light*)
aparato *m.* apparatus
aparecer (zc) to appear
aparente apparent
aparición *f.* appearance
apartamento *m.* apartment

aparte apart, separate

apellido *m.* last name; — **de soltera** maiden name

aplanadora *f.* road roller, steamroller

aplaudir to applaud

aplicar to apply

apóstol *m.* apostle

apoyar to support

apreciación *f.* appreciation

aprender to learn

aprieto *m.* tight spot, difficulty

aprobación *f.* approval; passing mark

aprobar (ue) to approve, consent to; to pass

apropiado appropriate

aprovechar to take advantage of

aproximado approximate

aproximarse a to approach, come near

apuntes *f.pl.* notes; memoranda

aquél, aquella that, that one

aquello that, all that

aquellos, aquellas those

aquí here

árabe *m. & f.* Arab

árbol *m.* tree

arcángel *m.* archangel

arco *m.* arch; — **iris** rainbow

arcón *m.* chest, trunk

arduo arduous

área *f.* area

arena *f.* sand

arenal *m.* desert

argentino,-a *m. & f.* Argentine, Argentinian

argot *m.* slang

argumento *m.* argument; reason

aristócrata *m. & f.* aristocrat

arma *f.* arm, weapon, armament

armonía *f.* harmony

armonioso harmonious

arqueología *f.* archaeology

arqueológico archaeological

arqueólogo *m.* archaeologist

arquitecto *m.* architect

arquitectura *f.* architecture

arte *m. & f.* art

artesano *m.* craftsman, artisan

artesanía *f.* crafts

artículo *m.* article

artista *m. & f.* artist

artístico artistic

arraigo *m.* hold, attachment

arreglar to arrange, order, fix

arrepentimiento *m.* repentance, regret

arrestar to arrest

arresto *m.* arrest, detention

arriba up, above, high

arrogante arrogant

arroz *m.* rice

asalto *m.* attack, assault

ascendido promoted

asco *m.* disgust, nausea; **me da** — it makes me sick

asegurar to assure

asesinar to murder

asesinato *m.* murder

asesino,-a *m. & f.* murderer, murderess; killer

así thus, like that, in this way, so; — **que** and so

asiento *m.* seat

asignatura *f.* subject (*in school*)

asilo *m.* asylum

asimismo likewise, also

asistencia *f.* aid, assistance; attendance

asistir a to attend

asociar to associate

asombrar to shock, amaze

aspecto *m.* aspect, look, appearance

aspiración *f.* aspiration, ambition

aspirar (a) to aspire to

astrología *f.* astrology

astronauta *m. & f.* astronaut

astronomía *f.* astronomy

asumir to assume

asunto *m.* matter, issue

atacar to attack

ataque *m.* attack, fit

atar to tie (up), fasten

Atenas *f.* Athens

atención *f.* attention

atender (ie) to take care of; to attend to; to pay attention to

atento alert, concentrated

aterrorizado terrified, frightened

atleta *m. & f.* athlete

atmósfera *f.* atmosphere

atómico atomic

atracar to hold up, rob

atracción *f.* attraction

atractivo attractive; *m.* attraction

atraer to attract

atrapar to trap, catch

atrás (de) behind, in back (of)

atrasado backward, retarded

atrofiado atrophied

atroz atrocious, awful

aullar to howl

aumentar to increase

aumento *m.* increase; **en** — on the increase

aun even, still; **aún** still, yet (*in the time sense*)

aunque although, even though

ausencia *f.* absence

ausente absent

australiano,-a *m. & f.* Australian

auténtico authentic

auto *m.* automobile, car

autobús *m.* bus
autodestrucción *f.* self-destruction
automático automatic
automóvil *m.* automobile, car
automovilista *m. & f.* motorist, person traveling in a car
autopista *f.* highway
autor,-a *m. & f.* author, authoress; writer
autoridad *f.* authority
autostop *m.* hitchhiking
autostopista *m.* hitchhiker
auxilio *m.* aid, help
avalado guaranteed, sponsored, pledged for
avance *m.* advance, advancement
avanzado advanced; developed
avanzar to advance, move forward
avaricia *f.* avarice
avenida *f.* avenue
aventura *f.* adventure; love affair
aventurado adventurous; risky; exaggerated
avería *f.* (*car*) breakdown; mechanical failure
avión *m.* airplane
avisar to warn
aviso *m.* warning; notice; — **publicitario** advertisement
¡ay! oh!
ayer yesterday
ayuda *f.* help
ayudante *m. & f.* assistant, helper
ayudar to help
ayuntamiento *m.* municipal government; town hall
azotes *m.pl.* lashes, whipping
azúcar *m.* sugar
azul blue

B

bailar to dance; **lo bailado** what one has danced (*i.e.,* enjoyed)
bailarín,-a *m. & f.* dancer
baile *m.* dance
bajar to get down, get off; to push down; to decline
bajarse to get down; to go down
bajo lower, low; short (*in stature*); *prep.* under
balcón *m.* balcony
baluarte *m.* bulwark
banca *f.* bench
bancario bank, in the bank
banco *m.* bank
banda *f.* band
bandada *f.* flock
bandera *f.* flag
banquete *m.* banquet, dinner
bañar(se) to bathe, wash (oneself)
baño *m.* bath; **cuarto de** — bathroom

barato cheap, inexpensive
barbitúrico *m.* barbiturate
barco *m.* ship
barra *f.* bar (*of a cage, jail*)
barrera *f.* barrier
barrio *m.* neighborhood
basándose (en) basing themselves (on)
basar to base
básico basic
básquetbol *m.* basketball
bastar to be enough; **basta** that's enough
basura *f.* garbage, trash
batalla *f.* battle
batir to beat
beber to drink
bebida *f.* drink
beca *f.* scholarship, grant
béisbol *m.* baseball
belga *m. & f.* Belgian; *adj.* Belgian
Belgrado Belgrade, capital city of Yugoslavia
belleza *f.* beauty
bello beautiful
beneficioso beneficial
besar to kiss
beso *m.* kiss
Biblia *f.* Bible
biblioteca *f.* library; study
bibliotecario,-a *m. & f.* librarian
bicicleta *f.* bicycle
bien well, properly, all right; **pasarlo** — to have a good time; **más** — rather; **¡Qué bien!** Oh good!; **el** — **y el mal** good and evil
bilingüe bilingual
billete *m.* ticket
biológico biological
bisabuelo,-a *m. & f.* great-grandfather, great-grandmother; —**s** great-grandparents
blanco white; blank
blusa *f.* blouse
bocina *f.* horn
bodas *f.pl.* wedding
boicot *m.* boycott
bolsa *f.* purse, bag
bomba *f.* bomb
bombardeo *m.* bombing, bombardment
Bonampak ancient Mayan city, now in ruins
bonito pretty
bordado *m.* embroidery
bordar to embroider
borrachera *f.* drunkenness
borracho,-a *m. & f.* drunk, drunkard; *adj.* drunk, inebriated
borrar to erase
bota *f.* boot; —**s vaqueras** cowboy boots
botánico botanical
bote *m.* boat
botella *f.* bottle

botón *m.* button
boxeo *m.* boxing
brasileño,a *m. & f.* Brazilian; *adj.* Brazilian
bravo savage, brave; **fiesta — a** bullfight
brazo *m.* arm
breve brief
brillante brilliant
brillar to shine, glitter
brocha *f.* brush
broma joke, trick; **gastar —s** to play jokes
brujo *m.* medicine man, shaman
brusco brusque, sudden
brusquedad *f.* brusqueness, suddenness
bueno good; well then, well now; all right
búlgaro,-a *m. & f.* Bulgarian
burgués bourgeois, middle-class
burocracia *f.* bureaucracy
burro,-a *m. & f.* donkey
busca *f.* search
buscar to search, look for
búsqueda *f.* search

C

caballo *m.* horse
cabecera *f.* head; capital
cabeza *f.* head; chief
cabo *m.* end
cada each, every
cadáver *m.* cadaver, dead body
caer to fall
café *m.* coffee; coffeehouse
calavera *f.* skull
calcetín *m.* sock, stocking
cálculo *m.* calculation
calendario *m.* calendar
calidad *f.* quality
caliente hot
calificación *f.* qualification
calma *f.* calm, serenity
calmarse to calm down
calor *m.* heat
calvinista Calvinist
calle *f.* street
cama *f.* bed
camarero,-a *m. & f.* waiter, waitress
camarógrafo *m.* cameraman
cambiar to change; **— de opinión** to change (one's) mind
cambio *m.* change; **en —** on the other hand; in exchange
camboyano,-a *m. & f.* Cambodian
caminante *m. & f.* traveler
caminar to walk
camino *m.* road, way
camisa *f.* shirt
camiseta *f.* T-shirt
campamento *m.* camp

campana *f.* bell
campaña *f.* campaign
campeón,-a *m. & f.* champion
campeonato *m.* championship
campesino,-a *m. & f.* farmer, person from the countryside
campo *m.* country, countryside; field
canadiense Canadian
canal *m.* channel
canción *f.* song
canibalismo *m.* cannibalism
cansancio *m.* tiredness, fatigue
cansarse to get tired
cantante *m. & f.* singer
cantar to sing
cantidad *f.* quantity
canto *m.* song, singing, chant
caos *m.* chaos
capacidad *f.* capacity
capaz capable; *pl.* **capaces**
capitalismo *m.* capitalism
capitalista *m. & f.* capitalist
capítulo *m.* chapter
caprichoso capricious
cápsula *f.* capsule
captado captured, captivated
cara *f.* face
carácter *m.* character
característica *f.* characteristic
caracterizado characterized
carcajada *f.* loud laugh, burst of laughter
cárcel *f.* jail, prison
carecer (de) to lack, be lacking
cargo charge; job; **a — de** in charge of
cariño *m.* affection
Carlitos *m.* Charlie
cariñosamente affectionately
carnaval *m.* carnival celebration before the beginning of the religious season of Lent
carne *f.* meat; **— de puerco** pork; **— de vaca** beef
carnívoro carnivorous
caro expensive, costly
carta *f.* letter; playing card; **jugar a las — s** to play cards
cartel *m.* sign
cartera *f.* wallet
carrera *f.* race, running; career, profession
carretera *f.* highway
casa *f.* house; **en —** at home
casado,-a *m. & f.* married person; *adj.* married
casarse to get married
cascada *f.* waterfall
cáscara *f.* peel (*of a fruit*)
casco *m.* helmet
caserón *m.* mansion
casi almost

caso *m.* case; **en tal —** in such an event; **en — de** in case of; **— de estudio** case study

castellano *m.* Spanish

castigar to castigate, punish

catarata *f.* waterfall

catarsis *f.* catharsis

catástrofe *f.* catastrophe

catastrófico catastrophic

catedral *f.* cathedral

categoría *f.* category

categóricamente categorically

católico Catholic

causa *f.* cause; **a — de** because of; **¿A — de qué... ?** How ... ? For what cause ... ?

causar to cause

caza *f.* hunting

celebración *f.* celebration

celebrar to celebrate

celoso jealous

cementerio *m.* cemetery

cena *f.* supper

cenar to eat supper

censura *f.* censorship

centenares *m.pl.* hundreds

centro *m.* center; **— para niños** child-care center; **en el —** in the middle

Centroamérica Central America

cerca near, close; **— de** next to, near to; **de —** close up

cercano near, close

cerebro *m.* mind, brain

ceremonia *f.* ceremony

cero *m.* zero

cerveza *f.* beer

cerrado closed, locked; narrow-minded

cerrar (ie) to close; **— la conexión** to shut off

cesar to cease; **sin —** without ceasing

cielo *m.* sky; heaven

cien, ciento hundred

ciencia *f.* science; **ciencia ficción** science fiction; **—s políticas** *f.pl.* political science

científico,-a *m. & f.* scientist; *adj.* scientific

cierto certain, true

cifra *f.* number; digit

cigarrillo *m.* cigarette

cinco five

cincuenta fifty

cine *m.* movies, cinema

cinematográfico of movies, of the cinema

cinta *f.* tape (*of recorded music, talk, etc.*)

cintura *f.* waist

circulación *f.* traffic; movement

circular to circulate

circularse to circulate

círculo *m.* circle

circunstancia *f.* circumstance

cita *f.* date, appointment

ciudad *f.* city

ciudadano,-a *m. & f.* citizen

civilización *f.* civilization

civilizado civilized

claridad *f.* clarity

claro clear; naturally; **— está** naturally, of course

clase *f.* class

clásico classical

clasificación *f.* classification

clasificar to classify

cláusula *f.* clause

clave *f.* key (*fig.*); key point

cliente *m. & f.* client, customer

clima *m.* climate

clínica *f.* clinic

coartada *f.* alibi

cobrar to charge

cocina *f.* kitchen

cocinar to cook

cocodrilo *m.* crocodile

coche *m.* car, automobile

codo *m.* elbow

cognado *m.* cognate

cohetes *m.pl.* fireworks

coincidencia *f.* coincidence

colaborador,-a *m. & f.* collaborator, coworker

colapso *m.* collapse

colchón *m.* mattress

colectivo collective, mass

colegio *m.* high school

colérico angry

colocación *f.* placement

colocar to put, place

colombiano,-a *m. & f.* Colombian, person from Colombia; *adj.* Colombian

colonizador colonizing, imperialistic

colonizar to colonize, settle

colorista colorful

combate *m.* fight, struggle, combat

combatir to fight

combinación *f.* combination, blending, mixture

combinar to combine

comedor *m.* dining room

comentar to comment

comentario *m.* commentary

comenzar (ie) to begin

comer to eat

comercialismo *m.* commercialism

comercialización *f.* commercialization

comercio *m.* commerce, trade; business

cometer to commit

comida *f.* food, meal, dinner

comienzo *m.* beginning

comisario *m.* commissary; committee

como as, like, such as; since;
¿Cómo... ? How . . . ?
comodidad *f.* comfort
cómodo comfortable
compañero,-a *m. & f.* comrade, companion,
classmate; **— de cuarto** roommate
compañía *f.* company, firm
comparación *f.* comparison
comparar to compare
compartir to share
compensación *f.* compensation
competencia *f.* competition
competición *f.* competition, contest, race
competir (i) to compete
complejidad *f.* complexity
completar to complete
completo complete, full; **por —** completely
complicado complicated
componer to compose, make up
composición *f.* composition
compositor,-a *m. & f.* composer
compra *f.* purchase; **hacer —s** to shop, to
do the shopping
comprar to buy, purchase
comprender to understand
comprensión *f.* understanding
comprobar (ue) to check, verify
compromiso *m.* commitment
compuesto (de) composed, made up (of);
compound (*noun*)
compulsivo compulsive
computador,-a *m. & f.* computer
común common, ordinary
comunicación *f.* communication
comunicar to communicate
comunidad *f.* community
comunismo *m.* communism
comunista *m. & f.* Communist
con with; **¿ — quién(es)... ?** with whom . . . ?
concebible conceivable
conceder to concede
concepto *m.* concept, idea
concluir to conclude
conclusión *f.* conclusion
concreto concrete
condición *f.* condition
condicional conditional; **condicional
perfecto** *m.* conditional perfect (*verb*)
conducir (zc) to drive (*a car, boat, etc.*)
conducta *f.* conduct, behavior
conductor,-a *m. & f.* driver
confeccionar to make
confianza *f.* confidence; **falta de —** lack of
confidence
confirmar to confirm
conflicto *m.* conflict
confrontación *f.* confrontation

congregación *f.* congregation
conjugar to conjugate
conjunto *m.* group, band
conmemorar to commemorate
connacional *m. & f.* compatriot, person of
one's own nationality
conocer (zc) to know; to be acquainted with;
to meet
conocido known; familiar; **poco —** little
known
conocimiento *m.* knowledge
Cono Sur *m.* Southern Cone (of Latin
America)
conquista *f.* conquest; the Spanish
colonization of the Americas
conquistador,-a *m. & f.* conqueror; early
Spanish explorer
conquistar to conquer, overcome
consecuencia *f.* consequence; **como —** as a
result
conseguir (i, i) to get, obtain
consejos *m.pl.* advice, pieces of advice
conservador conservative
conservar(se) to preserve; to be preserved
considerar to consider
consistir (en) to consist (of)
consolidar to consolidate
constante constant, continual
constituir (y) to constitute, form
construcción *f.* construction, building
constructivo constructive
constructor,-a *m. & f.* builder
construir (y) to build, construct
consumidor,-a *m. & f.* consumer
consumo *m.* consumption
consunción *f.* consumption (being consumed)
contacto *m.* contact
contaminación *f.* contamination, pollution
contaminar to contaminate, pollute
contar (ue) to tell, recount (a story); to count
contemplado watched, viewed
contemplar to contemplate
contener to contain, hold in
contento happy, content
contestación *f.* answer, reply
contestar to answer, reply
continente *m.* continent
continuar to continue
contra against; **(estar) en — de** (to be)
against, in opposition to
contrabandista *m. & f.* smuggler
contradicción *f.* contradiction
contradictorio contradictory
contrario opposite, contrary; **al —, por
el —** on the contrary; **lo —** the opposite
contraste *m.* contrast
contrato *m.* contract

contribuir (y) to contribute
controlar to control
controversia *f.* controversy
conurbación *f.* megalopolis; merging together of many cities into one urban mass
convencer to convince
convención *f.* convention
convencional conventional
convenir (ie) to suit, fit; to be suitable
conversación *f.* conversation
conversar to chat, converse
convertir (ie) to change, convert; **— se en** to become, to change into
convicción *f.* conviction, belief
convincente convincing
cooperación *f.* cooperation
cooperar to cooperate
Copán ancient Mayan city, now in ruins
corazón *m.* heart
cordero *m.* lamb
cortarse to cut off; to be cut off
cortesía *f.* courtesy
cortesmente courteously
corto short
correcto proper
corregir (i) to correct
correo *m.* mail, postal service
correr to run; to speed; to jog
correspondencia *f.* mail
correspondiente corresponding
corrida (de toros) *f.* bullfight
corriente ordinary, average
corrupción *f.* corruption
cosa *f.* thing
cosméticos *m.pl.* cosmetics
cosmopolita cosmopolitan
costar (ue) to cost
costo *m.* cost; **— de la vida** cost of living
costumbre *f.* custom, habit
cotidiano everyday
creación *f.* creation
crear to create
creatividad *f.* creativity
crecer (zc) to grow, increase
crecimiento *m.* growth, increase
crédito *m.* credit; *f.* **tarjeta de —** credit card
creencia *f.* belief
creer to believe
crema *f.* cream
cremación *f.* cremation
cresta *f.* peak
criada *f.* maid, female servant
criar to raise, rear, bring up (*children*)
crimen *m.* crime
criminólogo,-a *m. & f.* criminologist
cristal *m.* glass
cristalera *f.* glass door

cristiano,-a *m. & f.* Christian
Cristo *m.* Christ
criterio *m.* criterion; standard; **a mi —** in my opinion
crítica *f.* criticism
criticar to criticize
crítico critical
crucigrama *m.* crossword puzzle
crudo raw
crueldad *f.* cruelty
cruz *f.* cross
cruzar (zc) to cross (over)
cuadra *f.* block (*of houses*)
cuadro *m.* picture, painting; square; **a — s** checkered
cual which; **¿cuál(es)... ?** which one(s) . . . ?, which . . . ?; **el —** he who, that which
cualidad *f.* quality, characteristic
cualquier,-a any, any one
cuando when; **de vez en —** from time to time; **¿Cuándo... ?** When . . . ?
cuanto how much; **¿Cuánto,-a... ?** How much . . . ?; **¿Cuántos,-as... ?** How many . . . ?
cuarto *m.* room; *adj.* fourth
cuatro four
cuatrocientos four hundred
cubano Cuban
cuchicheo *m.* low whispering
cuenta *f.* bill (*for a meal, services, etc.*)
cuento *m.* story
cuerno *m.* horn (*of an animal*)
cuero *m.* leather
cuerpo *m.* body; section
cuestión *f.* question; issue
cuestionario *m.* questionnaire
cueva *f.* cave
cuidado *m.* care; **tener —** to be careful
cuidar to take care of
culminar to culminate
culpa *f.* guilt; **tener la —** to be guilty
culpable guilty
cultivar to cultivate, plant
cultivo *m.* cultivation, growing
cultor,-a *m. & f.* fan, cultivator
cultura *f.* culture
cumpleaños *m.* birthday
cumplir to finish, fulfill; **— con** to comply with; **cumplirse** to be fulfilled
cuota *f.* quota
cúpula *f.* dome, cupola
cura *m.* priest
curar to cure
curiosidad *f.* curiosity
cursar to study; to take courses in
curso *m.* course; **— obligatorio** required course
curva *f.* curve

CH

champán *m.* champagne
chaqueta *f.* jacket
chico,-a *m. & f.* boy, girl; *adj.* little, small
Chichén Itzá ancient Mayan city, now in ruins
chileno,-a *m. & f.* Chilean; *adj.* Chilean
chimenea *f.* chimney
chino,-a *m. & f.* Chinese person; *adj.* Chinese
chiste *m.* joke
choque cultural *m.* culture shock

D

dama *f.* lady
danza *f.* dance
dañar to damage
dar to give; — de comer to feed; —se cuenta
   de to realize, be aware of; — un paseo to
   take a walk; — un paso to take a
   step; — problemas to cause trouble; — un
   examen to take a test; — una vuelta to
   take a walk, go around in a circle
datos *m.pl.* data
de of, from
debajo (de) under, underneath
deber ought, should; to owe
debido a owing to, because of
débil weak
década *f.* decade
decadencia *f.* decadence
decano *m.* dean
decidir to decide
decir to say, tell; es — that is
declarar to state, declare, assert
decoración *f.* decoration
decorar to decorate
dedicar(se) to dedicate (oneself); to be
   dedicated
dedo *m.* finger; toe; echar — to hitchhike
defecto *m.* defect, fault, flaw
defender (ie) to defend
defensa *f.* defense
defensor,-a *m. & f.* defender
definición *f.* definition
definir to define
definitiva, en in short, definitely
deformación *f.* deformation, distortion
deformar to deform
deidad *f.* deity, god
dejar to leave (someone or something); — de
   (+ *inf.*) to stop (. . . -ing); —se engañar to
   let (oneself) be fooled

del (de + el = del) of the, from the
delante de in front of
delegación *f.* delegation
delgado thin
delicado delicate
delicioso delicious
delincuencia *f.* delinquency
delincuente *m. & f.* delinquent, (*criminal*)
   offender
delirante delirious
delirio *m.* delirium
demandar to demand
demás other
demasiado too; too much; —s too many
democracia *f.* democracy
democrático democratic
demonio *m.* demon, devil
demostrar (ue) to demonstrate, show
denso dense, thick
dentro (de) inside, in
denuncia *f.* denunciation, accusation
dependencia *f.* dependence
depender (de) to depend (on)
dependiente,-a *m. & f.* salesclerk
deporte *m.* sport
deportista *m. & f.* lover of sports
deportivo sporting; of sports
depósito *m.* deposit
depresivo *m.* depressant drug
derecho *m.* law; right; tener — a to have a
   right to; *adv.* straight
derivarse (de) to derive (from)
derrota *f.* defeat
derrotado defeated, vanquished
derrumbar to topple over, crumble away
desagradable unpleasant, disagreeable
desahogo *m.* unburdening; outlet; letting
   loose of feeling
desaparecer (zc) to disappear
desaparición *f.* disappearance
desarrollar to develop
desarrollo *m.* development
desastre *m.* disaster
desastroso disastrous
desatar to untie, set free
desayuno *m.* breakfast
descansar to rest
descanso *m.* rest
descargar to discharge
descender (ie) to descend, come down
descifrar to decipher, decode
desconfiado mistrustful
desconfianza *f.* lack of confidence, suspicion
desconocido,-a *m. & f.* stranger; *adj.*
   unknown
descontento *m.* dissatisfaction, discontent;
   adj. unhappy, discontented
describir to describe

descripción *f.* description
descrito (*irreg. p.p.* of **describir**) described
descubierto (*p.p.* of **descubrir**) discovered
descubrimiento *m.* discovery
descubrir to discover
descuido *m.* oversight, error
desde (que) since, from
desear to desire, want, wish
desempleo *m.* unemployment
deseo *m.* desire, wish
desequilibrarse to become unbalanced, disturbed
desesperación *f.* desperation
desesperadamente desperately
desfile *m.* parade
desgarrar to rip open, tear
desierto *m.* desert
desilusión *f.* disappointment, disillusionment
deslizarse to slip by
desmedido limitless, excessive
desmentido (*p.p.* of **desmentir**) proven wrong
desnudo naked
despensa *f.* pantry; supply
despertar (ie) to awaken; —**se** to wake up
despierto awake
desplegado unfolded, spread out
despoblación *f.* depopulation
despolitizado uninterested in politics
desprenderse to be inferred
después (de) after, afterward
destinar to employ
destino *m.* destination; destiny
destrucción *f.* destruction
destruido destroyed
destruir (y) destroy
desventaja *f.* disadvantage
desvirtuar to call into doubt, cast a bad light on
detalle *m.* detail
detener(se) to stop
detergente *m.* detergent
determinado certain, definite
determinar to determine
detestar to detest, despise
detractor *m.* disparager, detractor
detrás (de) behind, in back of
devastar to lay waste
devoción *f.* devotion
día *m.* day; — **de fiesta** or — **feriado** holiday; **de un** — **para otro** overnight; **Día de los Muertos** Day of the Dead; **Día de Reyes** Day of the (Three) Kings, Epiphany
Diablada *f.* Devil Dance
diablesco diabolic
diablo *m.* devil
diálogo *m.* dialogue
diariamente daily

diario daily; *m.* daily newspaper
dibujar to draw
dibujo *m.* drawing, sketch
diccionario *m.* dictionary
diciembre *m.* December
diciendo (*pres.p.* of **decir**) saying, telling
dictador *m.* dictator
dictadura *f.* dictatorship
dicha *f.* bliss; good fortune
dicho (*p.p.* of **decir**) said, told; mentioned
diecinueve nineteen
dieciséis sixteen
diecisiete seventeen
diez ten
diferencia *f.* difference
diferenciarse (de) to be different (from)
diferente different
difícil difficult
difundido circulated, distributed
difunto,-a *m. & f.* dead person
digerir (ie) to digest
Dinamarca *f.* Denmark
dinámica *f.* dynamics
dinamita *f.* dynamite
dinero *m.* money
Dios *m.* God
directo direct
dirigente *m. & f.* leader
dirigir to direct, lead; **dirigirse (a)** to go (toward); to direct oneself (toward)
disciplina *f.* discipline
disco *m.* phonograph record
discreto discreet
discriminación *f.* discrimination
discurso *m.* lecture
discusíon *f.* discussion; argument
discutir to discuss, dispute
diseñado designed
disfraz *m.* costume
disfrutar to enjoy
disipado dissipated
disjockey *m.* disc jockey
disminución *f.* decrease
disminuir (y) to diminish
disparadero m. trigger; state of madness
dispuesto (a) disposed, willing (to)
disputa *f.* dispute, disagreement
distancia *f.* distance
distinción *f.* distinction
distracción *f.* distraction, entertainment
distribución *f.* distribution
distribuido distributed
diversión *f.* amusement, entertainment
diversos,-as various; different
divertido amusing, funny
divertir (ie, i) to amuse, entertain; **divertirse** to enjoy oneself, have a good time
dividido divided

divorciado divorced
divorcio *m.* divorce
doble double
doblegado bent, subordinated
doce twelve
docena *f.* dozen
documento *m.* document
doler (ue) to hurt
dolor *m.* pain
domicilio *m.* domicile, residence
dominar to dominate; to predominate
domingo *m.* Sunday
donde where; **¿Dónde...?** Where . . . ?
dormido asleep, sleeping
dormir (ue, u) to sleep; to put to sleep;
　— se to go to sleep
dormitar to doze
dormitorio *m.* bedroom
dos two
doscientos two hundred
dosis *f.* a dose; dosage
dramático dramatic
dramatización *f.* play, drama
droga *f.* drug
duda *f.* doubt
dudar to doubt
dueño,-a *m. & f.* owner
dulce sweet, gentle; **—s** candies, sweets
duque *m.* Duke; *pl.* **duques** the Duke and
　Duchess
duquesa *f.* Duchess
durante during
durar to last, continue
durmiendo (*pres. p.* of **dormir**) sleeping
duro hard, harsh

E

ebriedad *f.* drunkenness, inebriation
ecología *f.* ecology
ecológico ecological
economía *f.* economy
económica economic, economical
economista *m. & f.* economist
ecuatoriano *m. & f.* Ecuadorean; *adj.* from
　Ecuador
echar to throw; **— una mirada** to take a
　look
edad *f.* age; **— Media** Middle Ages
edificio *m.* building
editar to edit
educación *f.* education; upbringing
educado educated, trained
educativo educational
EEUU (abbreviation for **Estados Unidos**)
　United States of America
efectivo: dinero en — cash
efecto *m.* effect

efervescencia *f.* effervescence
eficaz effective
ejecución *f.* carrying out
ejecutivo,-a *m. & f.* executive
ejemplar *m.* specimen, copy
ejemplo *m.* example; **por —** for example
ejercicio *m.* exercise
ejército *m.* army
elaborado elaborate; elaborated
elaborar to elaborate
elección *f.* election
electricidad *f.* electricity
electricista *m. & f.* electrician
eléctrico electric
electrodo *m.* electrode
elegancia *f.* elegance
elegante elegant
elegido (*p.p.* of **elegir**) chosen
elegir (i) to choose, select; to elect
elemento *m.* element
elevarse to rise up
elija (command form of **elegir**) choose
eliminación *f.* elimination
eliminar to eliminate
embarazada pregnant
embargo: sin — nevertheless, however
emborracharse to become drunk
embrionario embryonic
embrutecer (zc) to roughen, make tough and
　coarse; to brutalize
eminentemente eminently
emoción *f.* emotion, excitement
emocionante exciting, thrilling, moving
emocionarse to become excited
empequeñecido dwarfed, made smaller
empezar (ie) to begin
emplear to employ, use; to hire
empleo *m.* employment, job
empresa *f.* enterprise, undertaking;
　company, firm
empresario *m.* manager
en in, on
enamorado enamored, in love
encantar to charm, enchant
encarcelamiento *m.* imprisonment
encendedor *m.* lighter
encerrar (ie) to lock up, shut in
encima (de) above
encontrar (ue) to find, meet up with
encuentro *m.* encounter, meeting
enemistad *f.* enmity
energía *f.* energy
enero *m.* January
énfasis *m.* emphasis
enfatizar to emphasize
enfermar to sicken, make (someone) ill;
　—se to become ill
enfermedad *f.* sickness, disease

enfermero,-a *m. & f.* nurse
enfermos *m. pl.* sick people
enfrente (de) in front (of)
enfurecido infuriated, wild with rage
engañar to trick, fool, deceive
engaño *m.* deceit
engañoso deceiving, deceptive
engordar to fatten up
enojo *m.* anger
enorme enormous
ensalada *f.* salad
ensayo *m.* essay
enseñanza *f.* teaching
enseñar to teach, show
entablar to establish
entender (ie) to understand
enterarse de to become informed of
entero entire, whole
entidad *f.* entity
entierro *m.* funeral; burial
entonces then
entrada *f.* ticket; entrance; — **en años** getting along in years
entrar to enter, go in (to)
entre between; among; — **sí** among themselves; one from another; — **manos** on hand
entre líneas between the lines
entrenamiento *m.* training
entretener to entertain
entrevista *f.* interview
entrevistados *m.pl.* people interviewed
entrevistar to interview
entusiasmo *m.* enthusiasm
enviar to send
epidemia *f.* epidemic
época *f.* time; epoch
equilibrado balanced
equilibrio *m.* balance, equilibrium
equipado equipped
equipo *m.* team, equipment; outfit
equivalente *m.* equivalent
esa, ese that, that one
esas, esos those
escapar(se) to escape
escape m. escape
escándalo *m.* scandal
escaso scarce
escena *f.* scene
esclavitud *f.* slavery
esclavizar to enslave
esclavo,-a *m. & f.* slave
escoger to choose
escorpión *m.* scorpion
escribir to write
escrito (*p.p.* of **escribir**) written
escritor,-a *m. & f.* writer
escritura *f.* writing

escuchar to listen (to)
escuela *f.* school; — **primaria** elementary school; — **secundaria** high school
escultura *f.* sculpture
ese, esa that, that one
esencial essential
esfuerzo *m.* effort
eso that, all that; **por —** because of that, for that reason
esos, esas those
espacial spatial, space
espacio *m.* space
espalda *f.* back
España *f.* Spain
español,-a *m. & f.* Spaniard; *adj.* Spanish
especial special
especialista *m. & f.* specialist
especializado specialized
especializarse en to specialize in, to major in
especie *f.* species
espectacular spectacular
espectáculo *m.* spectacle, show
espectador,-a *m. & f.* spectator
esperanza *f.* hope
esperar to hope; to wait for
espíritu *m.* spirit; — **de clan cerrado** clannish spirit
espiritual spiritual
espléndido splendid
esplendor *m.* splendor
esposa *f.* wife
esposo *m.* husband
esposos *m.pl.* husband and wife, spouses
esqueleto *m.* skeleton
esquema *m.* scheme; outline
esquí *m.* skiing; ski
esquiador,-a *m. & f.* skier
esquiar to ski
esta, este this, this one
estabilidad *f.* stability
estable stable
establecer (zc) to establish
establecimiento *m.* establishment
estación *f.* season; station
estadísticas *f.pl.* statistics
estado m. state, condition
estado civil marital status
estandarte *m.* standard, banner
estar to be; — **a gusto** to be comfortable
estas, estos these
estatal of the state
estatua *f.* statue
este, esta this, this one
Estela (*girl's name*) Estelle, Stella
estereotipo *m.* stereotype
estéril sterile
estilo *m.* style
estimar to esteem, regard highly; to estimate

estimulante *m.* stimulant
estímulo *m.* stimulus
esto this, all this
estos, estas these
estrangulado strangled
estrangular to strangle
estrella *f.* star
estreno *m.* debut; first showing; first use
estricto strict
estructura *f.* structure
estructuración *f.* structuring
estructurar to structure
estuco *m.* stucco
estudiante *m. & f.* student
estudiantil of the students, students'
estudiar to study
estudio *m.* study
estúpido stupid
etapa *f.* stage
eterno eternal
etiqueta *f.* formality, etiquette; label
eufemismo *m.* euphemism (*polite expression given for something considered unpleasant*)
Europa *f.* Europe
europeo,-a European
evaluación *f.* evaluation
evaluar to evaluate
evidencia *f.* evidence
evitar to avoid
exactitud *f.* exactness
exagerado exaggerated
examen *m.* test, examination
examinar to examine
exasperar to exasperate
excelencia *f.* excellence
excelente excellent
excepto except
excesivo excessive
exceso *m.* excess
excitación *f.* excitement, agitation
exclamar to exclaim
exclusivamente exclusively
excursión *f.* tour
excusado *m.* the bathroom (*euphemism*)
exhibición *f.* exhibit, exhibition
exhibir to exhibit, show
exigencia *f.* demand, urgent desire
exigir to require, demand
existencia *f.* existence
existir to exist
éxito *m.* success; **tener —** to be successful
expectativa *f.* expectation
experiencia *f.* experience
experimentar to experience
experimento *m.* experiment
experto,-a *m. & f.* expert
explicación *f.* explanation
explicar (qu) to explain

explorador,-a *m. & f.* explorer
explotación *f.* exploitation
explotar to exploit
exportador,-a exporter, exporting
exportar to export
exposición *f.* exposition, exhibit
expresamente on purpose
expresar to express
expresión *f.* expression
expulsar to expel, push out
exquisito exquisite
éxtasis *m.* ecstasy
extender (ie) to extend
extensión *f.* length, extension
extenso extended
extenuante fatiguing, tiring
extenuarse to tire oneself out
exterior external; outside
exteriorizar(se) to reveal (one's) self
exterminar to exterminate
extinguirse to become extinct
extranjero,-a *m. & f.* foreigner; *adj.* foreign
extrañamiento *m.* strangeness
extrañar to miss
extraño strange, unusual
extraordinario extraordinary
extraterrestre extraterrestial, alien
extremidad *f.* extremity

F

fábrica *f.* factory
fabricación *f.* making, fabrication
fabricar to manufacture
fabuloso fabulous
fácil easy
facilidad *f.* facility, ease
facilitado provided
facultad *f.* faculty, school (*of a university*)
falda *f.* skirt
falso false
falta *f.* lack; **hacer —** to be necessary; to be missing
faltar to miss; to be lacking
fama *f.* fame; reputation
familia *f.* family
familiar of (or about) the family; familiar
famoso famous
fantasía *f.* fantasy
fantasma *m.* ghost
Faraón *m.* Pharaoh
farmacia *f.* pharmacy
fascinación *f.* fascination
fascinado fascinated
fascinante fascinating
fascinar to fascinate
fastidioso annoying, boring
fatiga *f.* fatigue

favor *m.* favor; **por —** please; **estar a — (de)** to be in favor (of)
favorecer (zc) to favor
favorito favorite
febrero *m.* February
fecha *f.* date
felicidad *f.* happiness
feliz (*pl.* **felices**) happy
femenino feminine
feminismo *m.* feminism
fenómeno *m.* phenomenon
feo ugly
feroz (*pl.* **feroces**) ferocious
fertilidad *f.* fertility
festejar to celebrate
Fidel first name of Fidel Castro, commonly used by Hispanics to refer to him
fiesta *f.* celebration, festival; feast; **día de —** holiday; **Fiestas Patrias** (*in Chile*) National Holiday, Independence Day
figura *f.* figure
figurar to figure, appear
fila *f.* rank, row
filosofía *f.* philosophy
filósofo,-a *m. & f.* philosopher
fin *m.* end; **poner — a** to put a stop to; **por —** finally; **a — de que** in order that
final *m.* end, ending; **al —** at the end
financiar to finance
fines, a — de at the end of
Finlandia *f.* Finland
firma *f.* signature; signing
firmar to sign
físico physical; physicist
fisión *f.* fission
flor *f.* flower
florecer (zc) to flourish
flotante floating
folklórico *adj.* folk
folklorista *m. & f.* folklorist, expert in folklore
fondo *m.* back, rear, bottom; **al —** in the back, rear
forestal of the forest; **repoblación —** reforestation
forma *f.* form, shape
formación *f.* formation
formar to form, take form
fortalecer (zc) to strengthen
fortaleza *f.* fortress
foto *f.* (**fotografía**) photograph, photo
fracasar to fail
frágil fragile
fragilidad *f.* fragility
francamente frankly
francés,-a *m. & f.* Frenchman, Frenchwoman; *adj.* French
Francia *f.* France

frase *f.* sentence, phrase
fraude *m.* fraud
frecuente frequent
frenético frenetic
freno *m.* brake (*of a car or other vehicle*)
frente *f.* forehead, brow; **— a** in front of; faced with
fresco cool, fresh; **al —** in the open air
frialdad *f.* coldness
frío cold
frívolo frivolous
frontal face to face
frontera *f.* border
frustrado frustrated
frustrante frustrating
fruta *f.* fruit
fuego *m.* fire; **—s artificiales** fireworks
fuente de soda *f.* soda fountain; ice cream parlor
fuerte strong
fuerza *f.* strength; force; **— aérea** air force; **—s armadas** armed forces
fugitivo fleeting
fulano,-a *m. & f.* so-and-so
fumar to smoke
funcionar to function, work, run
funeraria *f.* funeral home
fusilamiento *m.* shooting; execution by gunfire
fusionarse to fuse
fútbol *m.* soccer; **— americano** American- or Canadian-style football
futbolista *m.* soccer (or football) player
futuro *m.* future
futuro perfecto *m.* future perfect (*verb tense*)

G

gallina *f.* hen
gana *f.* desire; **tener —s de** to feel like; **no me da la —** I don't want to
ganadero *m.* cattle breeder
ganancia *f.* earning
ganar to win, earn
garantizado guaranteed
gasolina *f.* gasoline
gastar to spend; **— bromas** to play jokes
gasto *m.* expense
gato,-a *m. & f.* cat
gemir (i) to moan, wail
generación *f.* generation
generar to generate, produce
genético genetic
gente *f.* people
geográfico geographic
gesto *m.* gesture
gigante gigantic; *m.* giant
gigantesco gigantic

gimnasio *m.* gymnasium
glorificación *f.* glorification
gobernado governed
gobernador,-a *m. & f.* governor
gobierno *m.* government
golpe *m.* blow; coup; **— de estado** coup d'etat
gordo fat
gozar (de) to enjoy
gracia *f.* grace, gracefulness; **tener —** to be funny; **—s** thanks, thank you; **muchas —s** thank you very much; **dar las —s** to thank
grado *m.* degree
gramática *f.* grammar
gran, grande great, big
grano *m.* grain
gratis free (*in the sense of not costing any money*)
Grecia *f.* Greece
griego,-a *m. & f.* Greek
gringo,-a *m. & f.* foreigner; person from the U.S.A. (*sometimes used pejoratively*)
gris grey
gritar to shout, scream
grito *m.* shout, scream
grueso thick, heavy
grupo *m.* group
guapo handsome, good-looking
guardar to keep, retain; to guard
guardia *m. & f.* guard
guerra *f.* war; **Primera — Mundial** First World War
guerrilla *f.* band of rebel fighters
guerrillero,-a *m. & f.* guerrilla fighter, rebel fighter
Guillermo (*boy's name*) William
guitarra *f.* guitar
gustar to please; to be pleasing to; to like (*e.g.,* **Le gustan a María estos libros.** Mary likes these books.)
gusto *m.* pleasure; taste; **estar a —** to be comfortable

H

haber to have (*auxiliary verb*); **hay** there is, are; **había** there were; **habrá** there will be; **hay que** + *inf.* it is necessary + *inf.* (*e.g.,* **Hay que esperar.** It is necessary to wait.)
habilidad *f.* ability
habitación *f.* room
habitante *m. & f.* inhabitant, native
habla *f.* speech
hablar to speak, talk
hace ago (*e.g.,* **— cinco años** five years ago; **¿ — cuánto tiempo... ?** For how

long . . . ?); **— buen tiempo.** The weather is fine.
hacer to make; to do; to cause; **— preguntas** to ask; **— el papel** to play the role; **— trampas** to cheat; **hacerse** to become
hacia toward; **— lo alto** upward; **— atrás** backward
hallar to find
hamaca *f.* hammock
hambre *f.* hunger; **tener —** to be hungry
hamburguesa *f.* hamburger
hamletiana of or like Hamlet (*Shakespeare's play*) **—** *i.e.,* indecisive
hasta until; even; up to; **— que** until
hay (*irreg. form* of **haber**) there is, are; **— que** + *inf.* it is necessary + *inf.* (*e.g.,* **Hay que esperar.** It is necessary to wait.)
hazaña *f.* feat
hecho *m.* fact; incident; *p.p.* of **hacer** done, made; **— a mano** made by hand
helicóptero *m.* helicopter
hembra *f.* female
hemisferio *m.* hemisphere
herbívoro herbivore, plant-eating
heredado inherited; **lo —** inherited characteristics
heredar to inherit
hereditario hereditary
herida *f.* wound, injury
herir(ie) to wound, injure
hermano,-a *m. & f.* brother; sister; **— s** brothers and sisters, siblings
hermoso beautiful
hermosura *f.* beauty
Herodes Herod, biblical character responsible for slaughtering innocent children
herramienta *f.* tool
hidroeléctrico hydroelectric
hielo *m.* ice
hijo,-a *m. & f.* child; son, daughter; **— s** children
himno *m.* hymn
hincapié *f.* emphasis; **hacer — en** to emphasize
hipótesis *f.* hypothesis
hispánico Hispanic
hispano,-a *m. & f.* Hispanic person
hispanoamericano,-a *m. & f.* Hispano-American, Latin American person
historia *f.* story, history
histórico historic
Holanda *f.* Holland
holandés,-a *m. & f.* person from Holland
hombre *m.* man
homicidio *m.* homicide
honesto honest
honra *f.* honor

hora *f.* hour; **por —** per hour; **es — de** it's
time to
horario *m.* schedule
horizonte *m.* horizon
hormiga *f.* ant
horror *m.* horror; **¡Qué —** ! How awful!
hostilidad *f.* hostility
hoy today; **— día** nowadays
huelga *f.* (*labor*) strike
huella *f.* footprint
huevo *m.* egg
huir (y) to flee; to run away
humanidad *f.* humanity
humanitario humanitarian
humano human
humillado humiliated
humillante humiliating
humorístico humorous, comic
hundido sunk; collapsed
Hungría *f.* Hungary
huracán *m.* hurricane

I

Ibo a tribe in Africa
ida *f.* departure; **billete de — y vuelta**
round-trip ticket
identidad *f.* identity
identificación *f.* identification
identificar to identify;
   identificarse (con) to be identified with
ideología *f.* ideology
ideológico ideological
idioma *m.* language
ídolo *m.* idol
iglesia *f.* church
ignorante ignorant
ignorar to not know
igual equal; the same; **— que** the same as
igualdad *f.* equality
ilegal illegal
ilógico illogical
iluminarse to be lighted, to become
   illuminated
ilustración *f.* illustration; example
imagen *f.* image
imaginación *f.* imagination
imaginar to imagine
imitación *f.* imitation
imitar to imitate
impaciencia *f.* impatience
impacto *m.* impact
imperdonable unpardonable
imperfecto imperfect; **— del subjuntivo**
   imperfect subjunctive
imperio *m.* empire
impermeable *m.* raincoat
implantar to set up, establish

implicar to imply
imponer to impose (*on or upon*)
importado imported
importancia *f.* importance
importante important
importar to be important, to matter; **no
   importa** it makes no difference, it doesn't
   matter
imposible impossible
impresión *f.* impression
impresionante impressive
impreso printed
impuesto *m.* tax; *adj.* **— a** imposed upon
impulso *m.* impulse
inanimado inanimate
inapelable unavoidable, beyond appeal
inauguración *f.* inauguration
incansablemente tirelessly
incas *m.pl.* Incan people
incentivo *m.* incentive
incesante endlessly
incidente *m.* incident
incineración *f.* burning, cremation
inclinado inclined, sloping
incluir (y) to include
incluso including, even
incoherente incoherent
incomprensible incomprehensible
inconcebible inconceivable
inconsciente unconscious
inconveniente *m.* obstacle, inconvenience
increíble incredible
incremento *m.* increase
incurrir (en) to incur
indemnización *f.* compensation, indemnity
independencia *f.* independence
independiente independent
independizarse to become independent
indicación *f.* indication
indicado indicated; appropriate
indicar to indicate
indicativo *m.* indicative (*grammatical mood
   of verbs not in the subjunctive*)
indicio *m.* clue, hint
indiferencia *f.* indifference
indígena indigenous, native
indio,-a *m. & f.* Indian
indispensable indispensable, absolutely
   necessary
individuo,-a *m. & f.* individual
indoctrinación *f.* indoctrination
indolencia *f.* indolence
inducir to induce
indudablemente undoubtedly
industria *f.* industry
industrialización *f.* industrialization
inefable ineffable, inexpressible
inerte inert

inescrutable inscrutable
inestabilidad *f.* instability
infantería *f.* infantry
inferencia *f.* inference
inferir (ie) to infer
infierno *m.* hell
infinitivo *m.* infinitive
influencia *f.* influence
influir (y) to influence
información *f.* information
informar to inform; **—se** to become informed
informativo informative
informe *m.* report
ingeniería *f.* engineering
ingeniero *m. & f.* engineer
Inglaterra *f.* England
inglés,-a *m. & f.* Englishman; Englishwoman; *adj.* English
ingrediente *m.* ingredient
ingresos *m.pl.* income
inicial initial
iniciar to initiate
iniciativa *f.* initiative
injusticia *f.* injustice
injusto unjust
inmediato immediate
inmenso immense
inmóvil immovable; motionless
inocencia *f.* innocence
inocente innocent, naive, fool
insatisfecho dissatisfied
inseminación artificial artificial insemination
insensato stupid, foolish
insignificante insignificant
insinuar to insinuate
insistir to insist
insondable fathomless, impenetrable
inspiración *f.* inspiration
inspirado inspired
instalación *f.* installation; facility
instalar to install, set up
instantáneo instantaneous, immediate
instinto *m.* instinct
institución *f.* institution
instrucciones *f.pl.* directions, instructions
instrumento *m.* instrument
insultar to insult
integración *f.* integration
integrado composed, made up
intelecto *m.* intellect
intelectual intellectual
inteligencia *f.* intelligence
inteligente intelligent
inteligible intelligible
intención *f.* intention
intensificar to intensify
intensivo intensive

intenso intense
intercambio *m.* interchange
interdependencia *f.* interdependence
interés *m.* interest
interesante interesting
interesar to be interesting; to interest
interferencia *f.* interference
intermedio intermediate; **exámenes —s** midterm exams
intermitente intermittent
interno internal
interpretación *f.* interpretation
interpretar to interpret
interrogatorio *m.* questioning; interrogation
interrumpir to interrupt
interrupción *f.* interruption
intervalo *m.* interval
intervención intervention
intervenir (ie) to intervene, break in; to participate
íntimamente intimately
íntimo intimate
introducción *f.* introduction
introducir (zc) to introduce
inútil useless
invadir to invade
invasión *f.* invasion
invasor,-a *m. & f.* invader
invención *f.* invention
inventar to invent, make up
investigación *f.* investigation
invierno *m.* winter
invitación *f.* invitation
invitado,-a *m. & f.* guest
invitar to invite
invocar to invoke, call upon
ir to go; **—se** to go away, leave; **— y venir** to come and go; **— a +** *inf.* to be going to do something (*e.g.,* **Voy a hablar.** I am going to talk.)
irónico ironic
irracional irrational
irritante irritating
isla *f.* island
italiano,-a *m. & f.* Italian; *adj.* Italian
itinerario *m.* itinerary, trip plan

J

jacal *m.* hut; shack
jamás never
jamón *m.* ham
japonés,-a *m. & f.* Japanese
jardín *m.* garden; park
jaula *f.* cage
jefe,-a *m. & f.* chief; boss; leader; **— de estado** chief of state
jerga *f.* slang, jargon

jeroglífico *m.* hieroglyphic
Jesucristo *m.* Jesus Christ
jóven *m. & f.* youngster, young person
jovencito,-a *m. & f.* young person
joya *f.* jewel; *pl.* jewelry
joyería *f.* jewelry shop
Juan (boy's name) John
jubilación *f.* retirement (*from work*)
jubilarse to retire (*from work*)
judío,-a *m. & f.* Jewish person; *adj.* Jewish
juego *m.* game
jueves *m.* Thursday
juez *m. & f.* judge
jugador,-a *m. & f.* player
jugar (ue) to play
juguete *m.* toy
juglar *m.* minstrel
jugo *m.* juice
jungla *f.* jungle
junio *m.* June
juntar to collect, gather
junto con along with
juntos,-as *pl.* together
jurado *m.* jury
justamente just, exactly
justicia *f.* justice
justificado justified
justifciar to justify
justo just, fair
juvenil of youth, of young people
juventud *f.* youth
juzgar to judge

K

kilómetro *m.* kilometer

L

laberinto *m.* labyrinth
laboral of labor
laboratorio *m.* laboratory
labrar to build, construct
lado *m.* side; **al —** on the side;
  al — de next to
ladrón,-a *m. & f.* thief, robber
lágrima *f.* tear, teardrop
lamentablemente unfortunately
lamentar to lament, mourn
lana *f.* wool
languidecer (zc) to languish
languidez *f.* languor
lanzar to throw, launch
largo long; **a lo —** along, during;
  a — distancia long distance;
  a — plazo long-term, long-range
lástima *f.* pity; **¡Qué —!** What a pity!
latente latent

Latinoamérica *f.* Latin America
lavabo *m.* sink, washbasin
lavaplatos *m.* dishwasher
lavar(se) to wash (oneself)
lavatorio *m.* washroom
lección *f.* lesson
leche *f.* milk
lectura *f.* reading
leer to read
legendario legendary
legítimo legitimate
lejos far away
lengua *f.* language, tongue
lento slow
león *m.* lion
letra *f.* letter; words or lyrics to a song; **al
  pie de la —** literally, exactly
letrero *m.* sign
levantar to raise, lift up; **—se** to get up
ley *f.* law
leyenda *f.* legend
liberación *f.* liberation
libertad *f.* liberty
librarse to free oneself; to escape without
  harm
libre free; **al aire —** open-air
libro *m.* book
ligar to find a boyfriend or girlfriend; to get
  involved romantically
ligero light, of little weight
ligue *m.* finding a girlfriend or boyfriend;
  getting involved romantically
limitar to limit, restrict
límite *m.* limit
limonada *f.* lemonade
lo it; **— bailado** what one has danced;
  — mismo the same thing
limpieza *f.* cleanliness
limpio clean
lindo lovely
liquidación *f.* liquidation, removal
líquido *m.* liquid
listo ready; clever
literario literary
local *m.* place
localidad *f.* locality
loco crazy
locura *f.* madness, craziness
lógica *f.* logic
lógico logical
lograr to achieve; get, obtain; manage
Londres *m.* London
lo que what; which
luces *f.pl.* (from **luz**) lights
lucha *f.* fight
luchar to fight, struggle
luego *m.* then; later; next; **desde —** of
  course

lugar place; **en — de** instead of;
  tener — to take place; **dar — a** to cause
luna *f.* moon; **— de miel** honeymoon
luterano Lutheran

LL

llamar to call; **—se** to be called, named
  (*e.g.,* **Me llamo Juan.** My name is
  John); **— le la atención** to get (someone's)
  attention
llegada *f.* arrival
llegar (a) to arrive (at); to reach; **— tarde** to
  be behind (*in fashions or customs*)
llenar to fill; to fill in
llenarse (de) to fill up (with)
lleno full
llevar to carry; to wear (clothing); to take
  along; **— una... vida** to lead a . . .
  life; **—se** to carry away; to bring
llorar to cry
llover (ue) to rain
lluvia *f.* rain

M

machismo *m.* male chauvinism
machista *m.* male chauvinist
macho *m.* male
madre *f.* mother
madrileño,-a *m. & f.* person from Madrid
madurez *f.* maturity
maestro,-a *m. & f.* teacher
magnificarse to become magnified, enlarged
magnífico magnificent
magia *f.* magic
mago *m.* magician; **Reyes Magos** Wise
  men, Magi
maíz *m.* corn
majestuoso majestic
mal bad, badly; **— educado** badly brought
  up, poorly raised; **el bien y el —** good and
  evil; **— menor** least evil
maldad *f.* evil
malestar *m.* malaise, indisposition
maleta *f.* suitcase
maligno evil
malo bad
mamífero mammal
mamita *f.* little mother
mandato *m.* command
manejar to drive (*an automobile*); to
  manage; to manipulate
manejo *m.* driving (*an automobile*);
  management; manipulation
manera *f.* way, manner; **de — que** so that
manifestación *f.* political demonstration

manifestar (ie) to show, demonstrate
manipular to manipulate
maniobra *f.* maneuver
mano *f.* hand; **de segunda —** secondhand;
  entre —s on hand
mantener to maintain, support
  (*economically*); **— se** to continue; to keep
mantenimiento *m.* maintaining; maintenance
mantequilla *f.* butter
manuscrito *m.* manuscript
mañana tomorrow; *f.* morning
mapa *m.* map
máquina *f.* machine
maquinaria *f.* machinery
mar *m.* sea
maravilla *f.* wonder, marvel
maravillarse to marvel, wonder
maravilloso marvellous
marcar to mark
marco *m.* frame, standard, mold
marcha: poner en — to turn on; to start up
marido *m.* husband
marina *f.* navy
mariposa *f.* butterfly
mariscos *m.pl.* seafood; shellfish
Marte *m.* Mars
marzo *m.* March
mas but
más more; most; **— bien** rather
masa *f.* mass
máscara *f.* mask
masculinidad *f.* masculinity
masculino masculine
masivamente in great numbers
matanza *f.* killing, slaughter
matar to kill
matemáticas *f.pl.* mathematics
matemático,-a *m. & f.* mathematician
materia *f.* course
materialismo *m.* materialism
maternidad *f.* maturity, motherhood
matriculación *f.* matriculation, tuition
matrimonio *m.* marriage, matrimony;
  married couple
maya *m. & f.* Mayan or Maya
mayo *m.* May
mayor major; greater; larger; older; greatest;
  largest; oldest; **—es** adults; **la — parte** most
mayoría *f.* majority
mecánico *m.* mechanic; *adj.* mechanical
media luna *f.* half-moon
medianoche *f.* midnight
mediante by means of
medicamento *m.* medication, medicine
medida *f.* measure; **tomar —s** to take
  measures
medio *m.* means; middle; *adj.* half, middle,
  average; **—s** (financial) means; **—s de la**

comunicación mass media; **clase — a** middle class; **Edad — a** Middle Ages; **por — de** by means of; **Medio Oriente** Middle East; **como — a** on the average; **— ambiente** environment

mejor better, best

mejora *f.* improvement

mejorar to improve

memoria *f.* memory; **de —** by heart

mencionar to mention

menor younger; less

menos less, least; **— que** less than

mensaje *m.* message

mensual monthly

mentalidad *f.* mentality

mente *f.* mind

mentira *f.* lie, falsehood; **parece —** it's hard to believe

menudo: a — often

meramente merely

mercado *m.* market

merced: a — de at the mercy of

merecer (zc) to deserve, merit

mes *m.* month

mestizo half-breed, of two races

meta *f.* goal

metálico metallic

meter to put, place

método *m.* method

metro *m.* meter

mexicano,-a *m. & f.* Mexican; *adj.* Mexican

mezcla *f.* mixture

mezclar (se) to mix

miau *m.* meow

miedo *m.* fear; **tener — de** to be afraid of; **tener — de que** to be afraid that

miembro *m.* member

mientras (que) while; **— tanto** meanwhile

miércoles Wednesday

mil *m.* thousand

milagro *m.* miracle

militar military; *m. & f.* soldier

milla *f.* mile

millón *m.* million

mina *f.* mine

minero *m.* miner

mínimo tiny bit, minimal

minoría *f.* minority

minuciosamente minutely, in minute detail

minuto *m.* minute

mirada *f.* glance, look

mirar to watch, look at

misa *f.* Mass (*Catholic religious celebration*)

miseria *f.* misery, poverty

mísero very poor

mismo same; **al — tiempo** at the same time

misterio *m.* mystery

misterioso mysterious

místico mystical

mito *m.* myth

mitología *f.* mythology

mochila *f.* knapsack

moda *f.* fashion, style; **estar de —** to be in fashion

modelo *m.* model, pattern

modernización *f.* modernization

modernizar to modernize

moderno modern

modesto modest, humble

modificar to modify

modismo *m.* idiom

modo *m.* manner, way, method; **— de vivir** way of living, lifestyle; **de — que** so that

molestar to bother, annoy

molestia *f.* bother, annoyance

momento *m.* moment

monolingüe monolingual

monótono monotonous

monstruo *m.* monster

monstruoso monstrous

montado mounted, riding

montaña *f.* mountain

montecito (*dim.* of **monte**) little hill

monumento *m.* monument

moraleja *f.* moral

moreno dark-skinned; brunette

morir (ue) to die

mosca *f.* fly

Moscú *f.* Moscow

mostrar (ue) to show

motivado motivated

motivo *m.* motive

mover (ue) to move

movimiento *m.* movement

muchacho,-a *m. & f.* boy, girl

muchedumbre *f.* crowd

muchísimo (*sup.* of **mucho**) very much

mucho much, a lot of, a great deal of; **—s** many, many people

muebles *m. pl.* furniture

muerte *f.* death

muerto dead

mujer *f.* woman

multilingüe multilingual

múltiple multiple, very many

multitud *f.* multitude

mundial worldwide, world (as an *adj.*)

mundo *m.* world

municipio *m.* municipality; town council

muñeca *f.* doll; wrist

músculo *m.* muscle

museo *m.* museum

música *f.* music

musicológico musicological

musulmán Moslem

mutilación *f.* mutilation

mutilado multilated
mutuo mutual
muy very

N

nacer (zc) to be born
nacimiento *m.* birth
nación *f.* nation
nacional national
nada nothing
nadar to swim
nadie nobody, no one
naranja *f.* orange
nariz *f.* nose
natación *f.* swimming
nativo native
naturaleza *f.* nature
naturalidad *f.* naturalness
nave *m.* ship; **— espacial** spaceship
Navidad *f.* Christmas
Navidades Christmas season
navideño pertaining to Christmas
nazismo *m.* Nazism
necesario necessary
necesidad *f.* necessity, need
necesitar to need
negar (ie) to deny
negativo negative
negociador,-a *m. & f.* trader; negotiator
negocio *m.* business
negro,-a *m. & f.* black; Afro-American;
　adj. black
neolítico neolithic
nerviosismo *m.* nervousness
neurótico neurotic
nevar (ie) to snow
ni neither; nor; **ni... ni** neither . . .
　nor; **— siquiera** not even
nido *m.* nest
nieve *f.* snow
ningún, ninguna, ninguno (not) any; no;
　none; no one
niño,-a *m. & f.* boy; girl; **—s** children; **Niño
　Jesús** the Child Jesus
nivel *m.* level
no not, no; **¡Cómo no!** Why not? But of
　course!
noble *m.* nobleman; *adj.* noble
nocturno nocturnal, at night; **vida — a** night
　life; **clubes —s** nightclubs
noche *f.* night
Nochebuena Christmas Eve
Nochevieja New Year's Eve
nombrar to name
nombre *m.* name
nordeste *m.* northeast
norma *f.* norm, standard

normal related to teaching; **la academia —**
　school for teacher training
norte *m.* north; **por el —** from the north;
　adj. northern
norteamericano,-a *m. & f.* North American;
　person from the U.S.A. or Canada
nota *f.* note; **tomar —s** to take notes
notar to note; to notice
noticia *f.* news, news item; **—s de hoy**
　today's news
novecientos nine hundred
novedad *f.* novelty; bit of news
novela *f.* novel
noveno ninth
noviazgo *m.* steady relationship with a
　boyfriend or girlfriend, with a view toward
　marriage
noviembre *m.* November
novio,-a *m. & f.* steady boyfriend or
　girlfriend
núcleo *m.* nucleus
nuevamente again, newly
Nueva Zelandia *f.* New Zealand
nueve nine
nuevo new; **de —** again
numerado numbered
número *m.* number
numeroso numerous
nunca never

O

obedecer (zc) to obey
obesidad *f.* obesity
objeción *f.* objection
objetivo objective
objeto *m.* object
obligación *f.* obligation
obligar to force, oblige
obligatorio required
obra *f.* work
observar to observe
obstáculo *m.* obstacle
obstante: no — nevertheless
obtener to obtain
obvio obvious
ocasionar to occasion, cause
océano *m.* ocean
ocio *m.* leisure
octavo eighth
octubre *m.* October
ocupar to occupy
ocurrir to occur; to happen
ocho eight
ochocientos eight hundred
odiar to hate
odio *m.* hatred
odioso odious, hateful

oeste *m.* west
ofender to offend
oferta *f.* offer, promise
oficial *m. & f.* officer
oficina *f.* office
oficio *m.* trade
ofrecer (zc) to offer
oír to hear
ojalá may it be that ... (*always followed by the subj.*)
ojo *m.* eye
olé bravo!
olvidar to forget; **¡Olvídate!** Forget it!
opción *f.* option, choice; elective (*course*)
operación *f.* operation
operar to operate
opinar to express an opinion; to make a judgment
opinión *f.* opinion; **en su —** in your opinion
oponerse a to oppose; to be opposed to
oportunidad *f.* opportunity
oposición *f.* opposition
optimista *m. & f.* optimist; *adj.* optimistic
opuesto opposite; contrary; **estar — (a)** to be opposed (to)
oración *f.* sentence
órbita *f.* orbit
orden *m.* order
ordenar to order
ordinario ordinary
oreja *f.* ear
organización *f.* organization
organizar to organize
orgullo *m.* pride
orgulloso proud
oro *m.* gold
orquesta *f.* orchestra
Oruro *m.* city in Bolivia famous for Devil Dance performed during the carnival time
oscuro obscure; dark
otoño *m.* autumn
otro other, another; **—s** others; **— a vez** again
ovni *m.* unidentified flying object

P

paciencia *f.* patience
pacífico peaceful
pacto *m.* pact, agreement, treaty
padre *m.* father; priest; **— de familia** father of a family
paella *f.* a popular Spanish dish made of chicken, seafood, vegetables, and saffron rice
pagar to pay
página *f.* page

pago *m.* payment; **— a plazos** installment plan
país *m.* country
pájaro *m.* bird
palabra *f.* word
palacio *m.* palace
Palenque Mayan city, now in ruins
palestino,-a *m. & f.* Palestinian
paliativo *m.* palliative
pan *m.* bread
panfleto *m.* pamphlet
panorámico panoramic
pantalones *m.pl.* pants, slacks, trousers
papá *m.* papa, dad
papa *f.* potato
papel *m.* paper; role; **hacer el —** to play the role
paquete *m.* package
para for; to, toward; **— + ** *inf.* in order to + *inf.;* **— que** in order that, so that
parado,-a *m. & f.* unemployed person
paraguas *m.* umbrella
paraíso *m.* paradise
paralizar to paralyze
pararse to stop; to stand up
parcela *f.* small piece or portion
parcialmente partially
parecer (zc) to seem, appear; **parece que...** it seems that; **Me parece que sí.** I guess so. It seems that way to me.; **¿Qué le parece?** What do you think? What is your opinion?; **a mi —** in my opinion; **al —** apparently
parecido similar
pareja *f.* pair, couple; partner; **en —** as a couple; in pairs
paréntesis *m.* parenthesis, parentheses
pariente *m. & f.* relative
paro *m.* layoff (*of workers*); unemployment
parpadear to blink; to flicker on and off
parque *m.* park
parte *f.* part; side; **en —** in part, partially; **en la — superior** on top; **por su —** for their (his, her) part; **por otra —** on the other hand; **por — de** on the part of; **por (en) todas —s** everywhere
participación *f.* participation
participante *m. & f.* participant
participar to participate
partidario,-a *m. & f.* partisan, supporter
partido *m.* match (*sports*); party (*political*)
partir to divide; to depart; **a — de** starting from
parto *m.* childbirth
párrafo *m.* paragraph
pasado *m.* past (*referring to time*), gone by; *adj.* past
pasaje *m.* passage

pasaporte *m.* passport
pasar to spend (*time*); to pass; to happen;
— **lo bien** to have a good time, enjoy
oneself; — **lo mal** to have a bad time;
¿**Qué pasa?** What is happening?; ¡**Pasaste
por inocente!** You were caught as a fool!
pasatiempo *m.* pastime, hobby
Pascua *f.* Passover; Easter; **Domingo
de** — Easter Sunday
paseo *m.* walk, stroll; ride; **dar un** — to
take a walk, ride
paso *m.* passing; step; **dar un** — to take a
step
pastel *m.* pie; pastry; cake
pastilla *f.* pill
pata *f.* paw; foot (*of an animal*)
patata *f.* potato
patentar to patent
paternidad *f.* paternity
paterno paternal, parental
patinaje *m.* skating
patio *m.* court; yard; patio
patria *f.* native land
patrimonio *m.* patrimony, legacy
patrón,-a *m. & f.* patron; boss; patron saint;
employer
paulatino gradual
pavimento *m.* paving, pavement
paz *f.* peace
pecado *m.* sin
peces (*m.pl. of* **pez**) fish
pedir (i) to ask for, request; to order (*in a
restaurant*)
película *f.* film, movie, motion picture
peligro *m.* danger
peligroso dangerous, risky
pelo *m.* hair
pelota *f.* ball
pena *m.* punishment, penalty; — **de
muerte** death penalty
penetrar to penetrate
pensamiento *m.* thought
pensar (ie) to think; — + *inf.* to intend + *inf.*
pensión *f.* boardinghouse; pension
peor worse, worst
pequeño little, small
percibir to perceive
perder (ie) to lose; —**se** to become lost or
ruined
pérdida *f.* loss
perdonar to forgive, excuse
perecer (zc) to perish
peregrinaje *m.* pilgrimage
pereza *f.* laziness
perezoso lazy
perfeccionado perfected, improved
perfecto perfect; **condicional** — conditional

perfect (*verb tense*); **futuro** — future
perfect
periódico *m.* newspaper
período *m.* period (*of time*)
permanecer (zc) to remain
permanente permanent
permiso *m.* permit, permission; time off,
leave
permitir to permit, allow
pernicioso pernicious, harmful
pero but, yet
perro,-a *m. & f.* dog
persecución *f.* persecution
perseverancia *f.* perseverance
perseverar to persevere
persona *f.* person
personaje *m.* character
personal *m.* personnel, staff; *adj.* personal
personalizado personalized
personificar to personify, represent
pertenecer (zc) to belong
perteneciente pertaining
pertinente pertinent, relevant
Perú *m.* Peru
peruano,-a *m. & f.* Peruvian; *adj.* Peruvian
pesado heavy
pesar: a — **de** in spite of
pesca *f.* fishing
pescado *m.* fish (*to be eaten*)
peseta *f.* unit of Spanish currency
pesimista *m. & f.* pessimist; *adj.* pessimistic
peso *m.* weight; **peso** *monetary unit of
several Spanish American countries,
including Mexico*
petición *f.* request
petróleo *m.* petroleum, oil
picante hot (*in the sense of spicy; highly
seasoned*)
pico *m.* beak; peak
pida (*command form of* **pedir**) ask for,
request
pie *m.* foot; **al** — **de la letra** literally,
exactly
piedra *f.* stone
piel *f.* skin, hide
pierna *f.* leg
pieza *f.* piece
píldora *f.* pill
piloto *m.* pilot, driver
pimienta *f.* pepper
pináculo *m.* pinnacle, highest point
pintar to paint
pintor,-a *m. & f.* painter
pintoresco picturesque
pintura *f.* painting
pirámide *f.* pyramid
pirata *m.* pirate

pisar to trample; to step on
piscina *f.* swimming pool
piso *m.* floor
pista *f.* track; **carreras de —** track races
pistola *f.* pistol
pizarra *f.* blackboard
placa *f.* plaque, plate
placer *m.* pleasure
plaga *f.* plague
planeta *m.* planet
planificación *f.* planning
planificar to plan
plano *m.* plane; **en primer —** in the foreground
planta *f.* plant
plantear to put forth, pose
plástico plastic
plata *f.* silver; money
platicar to chat
platino *m.* platinum
plato *m.* plate, dish
playa *f.* beach
plaza *f.* square (*of a town or city*)
plazo *m.* deadline; installment; **a largo plazo** long-term, long-range
plebescito *m.* plebiscite, direct vote
pleno total, full
pluma *f.* feather
población *f.* population; village
pobre poor
pobreza *f.* poverty
poco little; **—s** few; **un — (de)** a little (of); **unos —s** a few; **poco + *adj.*** un **—** (*e.g.*, **poco inteligente** unintelligent)
poder *m.* power; *verb* **(ue)** to be able to
poderoso powerful
poema *m.* poem
poesía *f.* poetry
poeta *m. & f.* poet
polémico polemical, controversial
policía *m. & f.* policeman, policewoman; *f.* police force
política *f.* politics; policy; *adj.* political
Polonia *f.* Poland
pollo *m.* chicken
Pompeya *f.* Pompeii, ancient city in Italy
poner to put; to place; **— en un aprieto** to put (someone) on the spot, in a difficult position; **—se** to put on (*clothing*); **—se en contacto** to make contact; **— fin a** to put an end to; **—se a + *inf.*** to set out to, to begin to; **— atención en** to pay attention to
popular popular; **clase —** lower class
popularidad *f.* popularity
popularísima (*sup.* of **popular**) very popular
por for; for the sake of; by; through; along; **— eso** for this reason, because of this;

— ejemplo for example; **— medio de** by means of; **— supuesto** of course; **— su parte** for their (his, her) part; **— lo tanto** for this reason; **— otra parte** on the other hand; **— favor** please; **— el contrario** on the contrary; **— parte de** on the part (side) of; **— la noche** at night
porcentaje *m.* percentage
por qué why; **¿Por qué?** Why?; **¿Por qué motivo... ?** For what reason ... ?
porque because
porvenir *m.* future
posarse to alight, perch, land
poseer to possess, own
posesión *f.* possession
posibilidad *f.* possiblility
posición *f.* position, job
positivo positive
posterior later
postre *m.* dessert
postura *f.* posture; position
potencia *f.* power; powerful nation
potente strong
práctica *f.* practice
practicar to practice
práctico practical
precaución *f.* precaution
precepto *m.* precept, rule
preciado prized, valuable, precious
precio *m.* price
precioso precious
preciso precise; necessary
predecir to predict
predicción *f.* prediction
predominar to predominate
prefabricado prefabricated; ready-made
preferentemente preferentially
preferir (ie) to prefer
pregunta *f.* question; **hacer una —** to ask a question
preguntar to ask; to question; **— por** to ask for (someone)
prehispánico pre-Hispanic
premeditación *f.* premeditation
prensa *f.* press, the newspapers
preocupación *f.* worry, cause for concern
preocupado worried, concerned
preocupar(se) to worry; **—se (de)** to be worried or concerned (about)
preparación *f.* preparation
preparar to prepare
preparatoria *f.* college-preparatory high school
presencia *f.* presence
presenciar to witness; to be present at
presentación *f.* presentation

presentar to present, introduce (*two people*); —**se** to appear
presente present, current
presidente,-a *m. & f.* president
presión *f.* pressure
preso,-a *m. & f.* prisoner, convict
prestar to lend; — **atención a** to pay attention to
prestigio *m.* prestige
pretendiente *m.* suitor; potential boyfriend
pretérito (simple) past tense
prevalencia *f.* prevalence
prevención *f.* prevention
prevenir (ie) to prevent
prever to foresee; to anticipate
previsto predicted, foreseen
primario primary, elementary
primavera *f.* spring
primer,-o,-a first; former
primer ministro prime minister
primo,-a *m. & f.* cousin
princesa *f.* princess
principio *m.* principle; beginning; **a —s de** at the beginning of
prisionero,-a *m. & f.* prisoner
privacidad *f.* privacy
privado private
probabilidad *f.* probability
probado proven, proved
probar (ue) to prove; to try for the first time (*a food or drink*)
problema *m.* problem
procedencia *f.* origin
procedimiento *m.* process, procedure
procesamiento *m.* processing
proceso *m.* process
procurar to try, to endeavor; to get
producción *f.* production
producir (zc) to produce, bring about; —**se** to take place, happen
producto *m.* product
productor,-a *m. & f.* producer; *adj.* producing
profesión *f.* profession
profesional *m. & f.* professional
profesor,-a *m. & f.* teacher, professor
profundo deep, profound
programa *m.* program
programación *f.* programming
progresivo progressive
progreso *m.* progress
prohibir to forbid, prohibit
promesa *f.* promise; — **para el Año Nuevo** New Year's resolution
prometer to promise
prominente prominent, standing out

promoción *f.* promotion
promover (ue) to promote
pronombre *m.* pronoun
pronóstico *m.* prediction
pronto quick, soon; **de —** suddenly
pronunciar to pronounce
propaganda *f.* propaganda; advertising
propicio propitious, favorable
propiedad *f.* property
propietario,-a *m. & f.* owner
propina *f.* tip (*to a waiter, chambermaid, etc.*)
propio suitable; characteristic; own (*e.g.,* **su propia casa** their [his, her] own home)
proponer to propose
proporcionar to supply
propósito *m.* purpose, aim
propuesta *f.* proposal, offer
propuesto (*p.p.* of **proponer**) proposed
prosperar to prosper, flourish
prosperidad *f.* prosperity
protección *f.* protection
proteger to protect
protesta *f.* protest
protestante Protestant
protestar to protest
proverbio *m.* proverb
provincia *f.* province; **en —** in the provinces (*away from the big cities*)
próximo next
proyecto *m.* project
prueba *f.* proof, test; competition
psicología *f.* psychology
psicológico psychological
psicólogo,-a *m. & f.* psychologist
psiquiatra *m. & f.* psychiatrist
publicar to publish; to publicize
publicidad *f.* advertising; publicity
publicitario of advertising
público *m.* public; audience
pueblo *m.* town, village; people; nation
puerta *f.* door, gate
puerto *m.* port; — **de mar** seaport
pues well then; since
pulga *f.* flea
pulsar to pulsate; — **el botón** to push the button
punto *m.* point; — **de vista** point of view
puntuación *f.* punctuation

Q

que that, which, who, than; **el —** he who, which, that which; **¿Qué... ?** Which . . . ? What . . . ?; **más (menos) —** more (less) than; **¿Qué le parece... ?** What do you think (about . . . ?; **¿Qué tal?** How are you?; **para —, a fin de —** so that, in order to

quedar to remain, stay, be left; to be located; to turn out to be; —**se** to stay

qué dirá *m.* what will (people) say; public opinion

queja *f.* complaint

quejarse (de) to complain (about)

quemar to burn

querer (ie) to want, wish, desire; to love; — **decir** to mean

querido,-a *m. & f.* beloved, dear

queso *m.* cheese

quien who, whom, he who, she who; **¿Quién... ?** Who ... ?

química *f.* chemistry; *adj.* chemical

quince fifteen

quinientos five hundred

quinto fifth; — **de primaria** fifth grade

quiosco *m.* kiosk; stand for selling magazines, candies, etc.

quisiera (*imp. subj. form of* **querer**) I (he, she) would like

quitar to take away

quizás, quizá maybe, perhaps

R

radio *f.* radio; *m.* radio (*set*)

rama *f.* branch

ramada *f.* shelter made of branches

ranchero,-a *m. & f.* rancher

rango *m.* rank (in the military)

rapidez *f.* rapidity, speed

rápido fast, rapid, quick

rascacielos *m.* skyscraper

ratón *m.* mouse

raza *f.* race (*of people*); — **humana** human race, humanity

razón *f.* reason; **tener** — to be right

razonable reasonable

razonamiento reasoning

razonar to reason

reacción *f.* reaction

realidad *f.* reality

realista realistic

realización *f.* achievement; fulfillment

realizar to fulfill; to carry out; to accomplish

rebelarse to rebel

rebelión *f.* rebellion

recaer to fall (upon)

recepción *f.* reception; admitting desk; check-in point

recibir to receive

reciente recent

recitar to recite

reclamar to claim; to demand

reclusión *f.* imprisonment

recoger to pick up; to collect

recogida *f.* picking; collection

recomendar (ie) to recommend

reconocer (zc) to recognize

reconocible recognizable

recordar (ue) to remember, remind

recreación *f.* recreation

recreo *m.* recreation

rectificar to rectify, make right or correct

recuerdo *m.* memory, souvenir

recurso *m.* resource

recurrir to resort (to), have recourse (to)

rechazar to reject

redención *f.* redemption

redescubierto rediscovered

reducir (zc) to reduce; —**se a** to amount to

reemplazar (zc) to replace

referencia *f.* reference

referirse (ie) to refer

reflejar to reflect

reforma *f.* reform

reforzado reinforced

refrán *m.* proverb, saying

refresco *m.* soft drink

refresquería *f.* soft-drink stand

refrigerador *m.* refrigerator

refugiado,-a *m. & f.* refugee

regalo *m.* gift

régimen *m.* regime; government

registrar to search

regla *f.* rule

regresar to return

regreso *m.* return

regulación *f.* regulation, control

regular to regulate; *adj.* all right, medium, mediocre

rehabilitación *f.* rehabilitation

rehabilitar to rehabilitate; —**se** to become rehabilitated

reina *f.* queen

reír(se) (i) to laugh

relación relation, relationship

relacionado related

relacionarse (con) to relate (to); to make contact (with)

relativamente relatively

relato *m.* story

religioso religious

Renacimiento *m.* Renaissance

renunciar to refuse

repartir to deliver, distribute

repaso *m.* review

repente: de — suddenly

repetidamente repeatedly

repetido repeated

repoblación *f.* repopulating; replanting; — **forrestal** reforestation

reposar to repose

represa *f.* dam

representación *f.* representation; presentation; production
representar to represent
representativo representative
represión *f.* repression
represivo repressive
reprimido repressed
reprochar to reproach
requerir (ie) to require
resentimiento *m.* resentment
reservado reserved
residencia *f.* residence
resistencia *f.* resistance
resistir to resist
resolver (ue) to solve
resonar (ue) to resound; to echo
respectivo respective
respecto: con — a with regard to; with respect to
respetar to respect; to refer
respeto *m.* respect
responder to answer, respond
responsabilidad *f.* responsibility
responsable responsible
respuesta *f.* reply
restaurante *m.* restaurant
restos *m.pl.* remains
resuelto resolved
resultado *m.* result
resultar to turn out to be; to prove to be
resumen *m.* summary
resumir to summarize
resurrección *f.* resurrection
retirarse to withdraw
retroceso *m.* regression
retumbar to resound; to rumble
reunido gathered together
reunión *f.* meeting
reunirse to meet, gather together
revelador telltale, revealing
revisar to review
revista *f.* magazine
revolución *f.* revolution
rey *m.* king
rico rich
ridículo ridiculous
rígido rigid
rima *f.* rhyme; poem
rincón *m.* corner (*of a room*)
río *m.* river
riqueza *f.* wealth
risa *f.* laughter
ritmo *m.* rhythm
rito *m.* rite, ritual
rivalidad *f.* rivalry
robar to rob, steal
robo *m.* robbery, theft
roca *f.* rock

roces *m.pl.* contacts by brushing or rubbing against
rockero,-a *m. & f.* rock fan
rodeado surrounded
rogar (ue) to beg, plead
rojo red
Roma *f.* Rome
romance Romance, Latin-based (*said of languages*)
romántico romantic
romper to break
ropa *f.* clothing
roto (*p.p.* of **romper**) broken
ruido *m.* noise
ruinas *f.pl.* ruins
rumbo *m.* region, part
Rusia *f.* Russia
ruso,-a *m. & f.* Russian
ruta *f.* route
rutina *f.* routine
rutinario routine (as an *adj.*)

S

sábado Saturday
saber to know
sabor *(m.)* flavor
sabroso tasty
sacar to take out; **— fotografías** to take pictures; **— buenas / malas notas** to get good / bad marks (*in school*)
sacerdote *m.* priest
sacrificar to sacrifice
sacrificio *m.* sacrifice
sal *f.* salt
sala *f.* living room, hall; **— de estudio** study hall
salario *m.* salary, wages
salida *f.* departure; **darle — (a)** to give vent (to), find an outlet (for)
salir to leave, go away; to go out (*on a date, on the town*)
salón *m.* drawing room; parlor
salud *f.* health
saludar to greet
saludo *m.* greeting
salvadoreño,-a *m. & f.* person from El Salvador, Salvadorean
salvaje wild; savage; native
salvo except, except for; **— que** unless
samba *f.* Afro-Brazilian dance rhythm
san (*used immediately before certain masculine names — e.g.,* **San Miguel**) saint; **San Luis** Saint Louis
sangre *f.* blood
sanitario sanitary
santo,-a *m. & f.* saint

santuario *m.* sanctuary
sapo *m.* toad
Satanás *m.* Satan
satisfacción *f.* satisfaction
satisfactorio satisfactory
satisfecho satisfied
se -self (himself, itself, themselves, etc.)
sé (*pres. tense of* **saber**) I know
secretamente secretly
secretario,-a *m. & f.* secretary
secreto *m.* secret
secuestrador,-a *m. & f.* kidnapper, hijacker
secuestrar to kidnap, hijack
secuestro *m.* kidnapping, hijacking
secundaria *f.* high school
secundario secondary
sed *f.* thirst
seductivo seductive, charming
seductor,-a seductive
seguida: en — at once, immediately
seguir (i) to continue; to follow; **— un curso** to take a course
según according to; **— su opinión** in your opinion
segundo second
seguridad *f.* security
seguro *m.* insurance; *adj.* sure, certain, safe
seis six
seiscientos six hundred
selección *f.* selection
seleccionar to select
selectivo selective
semana *f.* week
semanal weekly
semblante *m.* countenance, facial expression, appearance
semejanza *f.* similarity; **a — de** like, as
semilingüe "half-lingual"
semilla *f.* seed
senador,-a *m. & f.* senator
sencillo simple, plain
sensación *f.* sensation
sensacional sensational
sensacionalismo *m.* sensationalism
sensibilidad *f.* sensibility, sensitivity
sentado seated
sentarse (ie) to sit down
sentencia *f.* sentence
sentenciado sentenced
sentido *m.* sense; direction; meaning
sentimiento *m.* sentiment, feeling
sentir (ie), sentirse to feel; **lo siento** I'm sorry
seña *f.* sign
señalar to point out; to indicate, set aside
señor,-a *m. & f.* Mr., sir; Mrs., lady
separado separate

separar to separate
septiembre *m.* September
sequía *f.* drought, dry period
ser *m.* being, creature; **— humano** human being; *verb* to be
serenata *f.* serenade
serenidad *f.* serenity
serie *f.* series
serio serious; **en —** seriously
serpiente *f.* snake, viper
servicio *m.* service; bathroom (*euphemism*)
servil servile, subservient
servir (i) to serve; **— de** to be used as
setecientos seven hundred
setiembre (*variant of* **septiembre**) September
severo severe
sexo *m.* sex
sexto sixth
sexualidad *f.* sexuality
si if
sí yes; himself, herself, themselves, oneself
sicólogo,-a *m. & f.* psychologist
sicosocial psychosocial
SIDA the illness called AIDS in English
sidra *f.* cider
siempre always; **de —** usual; **— que** provided that; **como —** as always
siete seven
siga (*command form of* **seguir**) follow; continue
siglo *m.* century
significado *m.* meaning
significar to mean
significativo significant
siguiente following, next
silencio *m.* silence
sillón large chair, easy chair
simbolismo *m.* symbolism
simbolizar to symbolize
símbolo *m.* symbol
simpático congenial, pleasant, nice
simplemente simply
sin without; **— embargo** nevertheless, however; **sin +** *inf.* without — -ing
sincopado syncopated
sinfonía *f.* symphony
sinfonola *f.* jukebox
singular singular, unusual
sino but; except; but rather
sinónimo *m.* synonym
síntesis *f.* synthesis
sintomática symptomatic (*i.e.,* representative)
siquiatra *m. & f.* psychiatrist
sirena *f.* siren; mermaid
sirviente,-a *m. & f.* servant; *f.* maid

sistema *m.* system
sistemático systematic
sitio *m.* site, location, spot
situación *f.* situation; location
situado situated
snobismo *m.* snobbishness
sobrar to be more than enough
sobre upon, about; — **todo** especially;
  m. envelope
sobrepasar to exceed
sobresalto *m.* sudden scare
sobrevivir to survive
sobrino,-a *m. & f.* nephew, niece
socialismo *m.* socialism
socialista *m. & f.* socialist
socialización *f.* socialization
sociedad *f.* society; — **de consumo**
  consumer society
sociólogo,-a *m. & f.* sociologist
socorro *m.* aid, help; ¡**Socorro!** Help!
sofá *m.* sofa, couch
sofisticación *f.* sophistication
sofisticado sophisticated
sol *m.* sun
solamente only, solely
soldado,-a *m. & f.* soldier
soledad *f.* loneliness, solitude
solemne solemn
soler (ue) to be in the habit of; to be
  accustomed to
solicitante *m. & f.* applicant
solicitar to ask for; to apply for
solo alone; sole, only; lonely
sólo only, solely
soltero,-a *m. & f.* single person; *adj.* single,
  unwed; **apellido de — a** maiden name
solterón,-a *m. & f.* old bachelor, old maid
solución *f.* solution
solucionar to solve
sombra *f.* shadow
sombrero *m.* hat
somníferos *m.pl.* sleeping pills (potions)
son *m.* (*older form of* **sonido**) sound
sonido *m.* sound
sonreír (i) to smile
sonrisa *f.* smile
soñar (ue) to sleep; to dream
sopa *f.* soup
soportar to bear, endure
sorprendente surprising
sorprenderse to be surprised
sorprendido surprised
sorpresa *f.* surprise
sospechar to suspect
sospechoso,-a *m. & f.* suspect;
  adj. suspicious

soya *f.* soybean
suave soft, smooth, mild, bland, gentle
suavidad *f.* smoothness, mildness
suavizar to soften, smooth out
subconsciente *m.* subconscious
subdesarrollado underdeveloped
subir to go up
súbito sudden
subjuntivo *m.* subjunctive (*grammatical
  mood of verbs*)
subrayar to underline
subsidio *m.* subsidy; — **de paro**
  unemployment compensation
substituir (y) to replace
substituto *m.* substitute
subterráneo underground
subtítulo *m.* subtitle, heading
suburbio *m.* outlying slum
suceder to happen
suciedad *f.* dirt, dirtiness
sucio dirty
Sudamérica *f.* South America
Suecia *f.* Sweden
sueldo *m.* salary
suelo *m.* ground; floor
sueño *m.* dream; sleep; **tener —** to be
  sleepy
suerte *f.* luck
suéter *m.* sweater
suficiente sufficient
sufrimiento *m.* suffering
sufrir to suffer; — **los exámenes** to take
  exams
sugerente suggestive
suicidarse to commit suicide
suicidio *m.* suicide
sujeto *m.* subject
sumamente extremely
sumario *m.* summary
superación *f.* fulfillment; achievement
superar to overcome; to surpass
superfluo superfluous
superioridad *f.* superiority
supermercado *m.* supermarket
suplantado supplanted
suponer to suppose; to imply
supremo supreme
supuesto: por — of course
sur *m.* south
surrealista surrealist
suspirar to sigh
sustantivo *m.* noun
sustento *m.* sustenance; food; support
susto *m.* scare, fright
susurro *m.* whisper
sutil subtle

T

tabla *f.* board
taco *m.* rolled corn tortilla, served in Mexican dishes
tal such; such a; **de — manera** in such a way
tal vez perhaps, maybe
tamaño *m.* size
también also, too
tambor *m.* drum
tampoco neither, not either
tan so; **—... como** as . . . as
tanque *m.* tank
tanto so much; **—s** so many; **estar al — de** to be up to date with
tapar to cover
tardar to spend (*an amount of time*); to take a long time
tarde *f.* afternoon; evening; **de (por) la —** in the afternoon or evening; *adv.* late; **más —** later
tarea *f.* task
tarjeta *f.* card; **— de crédito** credit card
tatarabuelo,-a *m. & f.* great-great-grandparent
tatuaje *m.* tattoo
té *m.* tea
teatro *m.* theater
técnica *f.* technique
técnico,-a *m. & f.* technician; *adj.* technical
tecnología *f.* technology
tecnológico technological
techo *m.* ceiling; roof
tejano,-a *m. & f.* Texan
Tejas *m.* Texas
telecomunicaciones *f.pl.* telecommunications
teléfono *m.* telephone
telegrama *m.* telegram
telepatía *f.* telepathy
telescopio *m.* telescope
televidente *m. & f.* viewer, televiewer
televisor *m.* television set
tema *m.* theme
temblor *m.* tremor, shaking
tembloroso shaking, tremulous
temer to fear
temor *m.* fear
templo *m.* temple
temporal temporary
temprano early; **desde muy —** from earliest times
tendencia *f.* tendency
tender (ie) to tend
tendido stretched out
tener to have; **— que + *inf.*** to have to + *inf.;* **— 20 años** to be 20 years old; **— cuidado de** to be careful of; **— la culpa** to be guilty; **no — donde ir** not to have anywhere to go; **— razón** to be right

tenis *m.* tennis
tenista *m. & f.* tennis player
tentación *f.* temptation
teoría *f.* theory
tercer,-o,-a third
tercio *m.* third
terminar to finish, end
termómetro *m.* thermometer
terremoto *m.* earthquake
terreno *m.* land, ground; area
terrestre of the earth; *m. & f.* earthling
terrorífico terrifying
terrorismo *m.* terrorism
terrorista *m. & f.* terrorist
tesoro *m.* treasure
testigo,-a *m. & f.* witness
tianguis *m.* market
tiempo *m.* time; weather; verb tense; **¿Cuánto —... ?** How long . . . ?; **perder el —** to waste time; **al mismo —** at the same time; **ya es —** now is the time; **los primeros —s** early times; **en —s antiguos** in ancient times; **a —** in (on) time; **a — parcial** part-time; **a — completo** full-time; **hace buen —** the weather is fine
tienda *f.* store
tierra *f.* earth
timbre *m.* stamp
tímido timid, shy
tinto red (*wine*)
tío,-a *m. & f.* uncle, aunt; **tía abuela** great-aunt
típico typical
tipo *m.* type
tiránico tyrannical
tirar to throw
tiro *m.* throw; shot (*from a gun*)
título *m.* title; degree
toalla *f.* towel
tocar to play (*music*); to touch
todavía still; yet; **— no** not yet
todo all; whole; everything; **—s** everybody; **— el mundo** everyone
tolerancia *f.* tolerance
tolerante tolerant
tolerar to tolerate
tomar to take; to get; to have (*a meal*); to drink; **—se el trabajo de** to take the trouble to; **— una decisión** to make a decision; **— un examen** to give a test
tono *m.* tone
topar (con) to bump (into)
torear to fight (*bulls*)
torero *m.* bullfighter
tormenta *f.* storm
toro *m.* bull; **corrida de —s** bullfight
torpe dull, awkward

torre *f.* tower

tortilla *f.* flat cornmeal bread made in Mexico

tortuga *f.* turtle

tortura *f.* torture

torturar to torture

totalidad *f.* totality

totalitario totalitarian

trabajador,-a *m. & f.* worker

trabajar to work

trabajo *m.* work, job

tradición *f.* tradition

tradicional traditional

traducción *f.* translation

traducido translated

traduzca (*formal command of* **traducir**) translate

traer to bring

traición *f.* treason

traje *m.* suit; costume; **— de baño** bathing suit

trampa *f.* trap; **hacer —s** to cheat

tranquilidad *f.* tranquility

tranquilo tranquil, calm

transformación *f.* transformation; change

transformar to transform, change

translúcido translucent

transmitir to transmit

transportar to transport

transporte *m.* transportation; **—s colectivos** public transportation

tratamiento *m.* treatment

tratar to treat; to deal with; to try; **— de +** *inf.* to try to + *inf.*

través: a — de through

trece thirteen

tregua *f.* truce, letup

treinta thirty

tremendo awesome, frightening

tren *m.* train

tres three

trescientos three hundred

tridimensional three-dimensional

triste sad, dismal

triunfar to triumph; to win

tronco *m.* log, trunk

tropezarse (ie) to trip; **— con** to bump into

Troya *f.* Troy, ancient city made famous in the epic poetry of Homer

truco *m.* trick

tumba *f.* grave, tomb

turbulencia *f.* turbulence

turismo *m.* tourism; tourist business

turista *m. & f.* tourist

turístico tourist (as an *adj.*); of tourists

turrón Spanish almond candy

U

u (= **o** before words beginning with *o* sound) or

ubicado located, situated

último last; latest

unánime unanimous

una y otra vez time and again, time after time

único only, sole; unique

unidad *f.* unit; unity

unido united; **Estados Unidos** United States, U.S.A.

unifamiliar single-family (*house, dwelling*)

unificar to unify

unión *f.* union

unirse to unite, join together

unísono: al — in unison

universidad *f.* university

universitario of the university

uno one; **—s** some

urbe *f.* big city, metropolis

urgencia: con — urgently

urgente urgent

uruguayo,-a *m. & f.* Uruguayan

usar to use; to wear

uso *m.* use

usted you (*formal, used with third person of verb*)

útil useful

utilizar to utilize, use

V

vaca *f.* cow; **carne de —** beef

vacaciones *f.pl.* vacation

vacilación *f.* hesitation

vacío empty, vacant

vago vague

Valentín: San — St. Valentine; **día de —** Valentine's Day

valer to be worth

valeroso valorous, brave; effective

valiente brave

valioso valuable, worthy

valor *m.* courage; value

valorar to value

valle *m.* valley

vanguardia *f.* vanguard

vanidoso vain

vano vain

vaquero *m.* cowboy

variado varied

variante *f.* variant

variar to vary

variedad *f.* variety

varios several; various; varied

varón *m.* male

vaso *m.* drinking glass
veces (*pl.* of **vez**) times (*occasions*);
  a — sometimes, at times
vecino,-a *m. & f.* neighbor; *adj.* neighboring
vehículo *m.* vehicle
veinte twenty
veinticinco twenty-five
veintitrés twenty-three
veintiún,-a twenty-one
vela *f.* sail; candle
velocidad *f.* speed, velocity
velorio *m.* wake
venado *m.* deer
vencedor,-a *m. & f.* conqueror
vencer to vanquish, overcome, defeat
vendedor,-a salesman, saleswoman
vender to sell
venenoso poisonous
vengarse de to take revenge (on), to get even
  (with)
venir (ie) to come
venta *f.* sale
ventaja *f.* advantage
ventana *f.* window
ver to see; **—se** to be seen; **tener mucho
  que — con** to have a lot to do with
veracidad *f.* veracity, truthfulness
veraneante *m. & f.* summer vacationer
verano *m.* summer
verbo *m.* verb
verdad *f.* truth
verdadero true
verduras *f.pl.* vegetables
vergonzoso shameful
vergüenza *f.* shame
verso *m.* verse or line of poetry
vestido *m.* clothing, costume; dress; *adj.*
  — de dressed in
vestir(se) (i) to dress; to get dressed
veterinaria *f.* veterinary science
vez (*pl.* **veces**) time (*occasion*);
  alguna — sometime; **a la —** at the same
  time; **cada —** every time; **en — de**
  instead of; **otra —** again; **tal —** perhaps;
  de — en cuando once in a while; **una —**
  once, one time; **a veces** sometimes, at
  times; **muchas veces** many times; **a su —**
  in time
viajar to travel
viaje *m.* trip; **agencia de — s** travel agency
viajero,-a *m. & f.* traveler; traveling
víctima *f.* victim
vida *f.* life; **llevar una —...** to lead a ... life;
  seguro de — life insurance; **forma
  de —** way of life
viejo old

viento *m.* wind
vigencia *f.* vogue
villancico *m.* Christmas carol
vino *m.* wine
violación *f.* rape
violar to violate
violencia *f.* violence
violento violent
Virgen Virgin (Mary), mother of Jesus
virilidad *f.* virility
visión *f.* vision, view
visita *f.* visit
visitante *m. & f.* visitor
visitar to visit
víspera *f.* eve
vista *f.* view; **punto de —** point of view
visto (*p.p.* of **ver**) seen; **bien —** well thought
  of; considered correct
vistoso showy
vitalidad *f.* vitality
viudo,-a *m. & f.* widower, widow
vivienda *f.* dwelling
vivir to live; **— al día** to live from day to
  day; **Viva... ,** Hooray for . . . , Long live . . .
vivo alive, living
vocabulario *m.* vocabulary
vocero,-a *m. & f.* spokesman, spokeswoman
volador flying
volcán *m.* volcano
volumen *m.* volume
voluntario,-a *m. & f.* volunteer
volver (ue) to return; **—se + ** *adj.* to become
  . . .; **—a + ** *inf.* to . . . again (*e.g.,* **Volvió a
  tocar el piano.** He played the piano again.)
vosotros (*familiar plural form of* you, *used in
  central Spain*) you, you all
votar to vote
voz *f.* voice; **en — baja** in a low tone;
  en — alta out loud
vuelo *m.* flight

Y

y and
ya already, now; **— no** no longer; **— que**
  since, inasmuch as

Z

zapato *m.* shoe
zona *f.* zone
zoológico zoological; **parque —** zoo,
  zoological park
zumbido *m.* buzzing

PERMISSIONS

We wish to thank the authors, publishers, and holders of copyright for their permission to use the reading materials in this book.

Manuel Balaunzarán, «Ser padre: ¿Necesidad o deseo?», *Cromos,* June 9, 1987, pages 104–105, by permission of the publisher.

Newspaper Game Test, *La Vanguardia,* July 24, 1988, by permission of the publisher.

Gustavo Torroella, «¿Sabes prepararte para un examen?», *Bohemia,* February 1988, page 54, by permission of the publisher.

Francisco Javier Ramos, «El ligue en provincia», *Encuentro de la Juventud,* by permission of the author.

José Manuel Huesa, «Nochebuena en casa, Nochevieja en la calle», *Cambio 16,* by permission of the publisher.

Naldo Lombardi, «La Diablada de Oruro», by permission of the author.

Llanca Letelier Montenegro, «Entrevista con Graciela Valdarrama de Edmonton», by permission of the author.

Ana Alomá Velilla, «Entrevista con Filiberto Alfredo López», by permission of the author.

Ana María Fantino, «La adaptación psicológica de refugiados latinoamericanos», by permission of the author.

«La ciudad del futuro», *Visión, La Revista Latinoamericana,* by permission of the author.

Francisco Faura, «Las máquinas», Editorial Acervo, S.L., by permission of the publisher.

«El misterioso mundo de los sueños», *Temas,* by permission of the publisher.

«¿Turismo o industria?», *Visión, La Revista Latinoamericana,* by permission of the publisher.

Jesús Pertejo, «El arte de negociar con un japonés», *Cambio 16,* by permission of the publisher.

Victoria Sáez, «El rock que incordia a un dictador», *Cambio 16,* by permission of the publisher.

PHOTOGRAPH CREDITS

10, Peter Menzel. **13,** Peter Menzel. **14,** Peter Menzel. **26,** Peter Menzel. **30,** Peter Menzel. **39,** Peter Menzel. **44,** Sid & Mary Nolan/Taurus Photo. **48,** Linares/Monkmeyer Press. **49,** Mann/Monkmeyer Press. **64,** Wendy Watriss/Woodfin Camp & Assoc. **67,** Peter Menzel. **76** *(top),* Peter Menzel. **76** *(bottom),* Wendy Watriss/Woodfin Camp & Assoc. **83,** Movie Star News. **84,** UPI/Bettmann Newsphotos. **88,** Alon Reininger/Contact Stock Images. **92,** Paolo Koch/Rapho/Photo Researchers Inc. **93,** Bruno Barbey/Magnum Photo. **94,** J. P. Laffont/Sygma. **101** *(left),* Alon Reininger/Contact Stock Images. **101** *(right),* J. P. Laffont/Sygma. **114,** Collection, The Museum of Modern Art, N.Y. **122** *(left),* Lanks/Monkmeyer Press. **122** *(right),* Peter Menzel. **138,** Nat Norman/Photo Researchers Inc. **139,** Peter Menzel/Stock Boston. **140,** Russell A. Thompson/Taurus Photos. **141,** Carl Frank/Photo Researchers Inc. **142,** Owen Franken. **147,** Peter Menzel. **148,** Peter Menzel. **166,** Ulrike Welsch.

CARTOONS

Manuel: **39.** Courtesy of *Bohemia.* By permission of the artist.
Mingote: **149, 164.** Courtesy of *ABC,* Madrid. By permission of the artist.
Naranjo: **172.** Cartoonists and Writers Syndicate. By permission of the artist.
Oli: **81, 155.** Courtesy of *La Vanguardia,* Barcelona.
Quino: **119, 151.** From *Déjenme Inventar,* Ediciones de la Flor, Buenos Aires, 1983. By permission of the artist.
Vadillo: **101.** Courtesy of *Siempre,* Mexico City.